Eine kleine Einleitung: Pädagogik und Ökologie im Einklang

Spielwiesenzauber soll Mut machen! Mut machen, zusammen mit Ihren Kindern den Außenraum Ihrer Kita so zu gestalten, dass er kindgerecht ist. Ein Raum, der – im Zusammenspiel mit den Innenräumen der Kita – den Kindern eine ganzheitliche und nachhaltige Entwicklung ermöglicht. Ein hohes und anspruchsvolles Ziel. Sicherlich. Ein Ziel, welches man vielleicht gar nicht erreichen kann, mögen nun pessimistische Stimmen raunen. Zu teuer, zu aufwändig, zu viel Pflege, zu gefährlich und nicht nach außen hin vermittelbar. Keine Sorge, solche Ängste und Bedenken sind völlig unbegründet. Viele Praxisbeispiele zeigen dies. Mit der Umsetzung einiger weniger Grundregeln wird es Ihnen gelingen, Ihre Kita so zu gestalten, dass Sie Probleme bekommen werden, Ihre Kinder überhaupt wieder in die Innenräume zurückzuholen. Das Wetter wird plötzlich keine Rolle mehr spielen, egal ob die Sonne scheint, es regnet oder schneit, Ihre Kinder werden auf der Außenanlage immer wieder fesselnde und neue Dinge erleben wollen. Sie werden experimentieren, sich austoben, ihre Sprachkenntnisse verbessern, Pflanzen, Tiere und Umwelteinflüsse entdecken und Kreativität ausprobieren und versteckte Orte der Ruhe und Konzentration finden. Hierzu sind keine großen Hilfeleistungen von außerhalb und keine riesigen Finanzmittel nötig. Mittel- und langfristig gesehen entsteht auch für die Erzieherinnen kein erhöhter Arbeitsaufwand. Sie werden aber ihre Zeit anders verbringen. Erfüllter und stressfreier. Ein solides Grundwissen, Engagement und ganz viel Neugier reichen aus.

Kinder sollten an vielen Gestaltungsmaßnahmen beteiligt werden: Ganz einfach zu beherzigen, trotzdem noch viel zu selten umgesetzt.

Schön ist nicht gleich spannend und wild

Doch wie sollte ein solcher kindgerechter Außenraum überhaupt gestaltet sein? Hauptkriterium ist die Lern- und Erlebnisqualität einer Fläche, dazu bedarf es vor allem einer hohen Strukturvielfalt. Diese lässt sich dauerhaft nicht durch Spielgeräte erzeugen. Nur die Förderung der Natur mit all ihren Facetten kann, durch ihre ständige Veränderung bedingt, diese Qualität dauerhaft erzeugen. Pflanzen und Tiere werden das Außengelände erobern und bereichern. Nicht nur Ihre Kinder werden davon profitieren, sondern auch die Natur selbst wird sich regenerieren und artenreicher und vielfältiger aus diesem Prozess hervorgehen.
Ein Spielrasen ist wichtig, doch zu einer gelungenen Außenanlage bedarf es viel mehr. Viele kleine natürliche Elemente, egal ob Kräuterspirale, Kletterbaum, Hochbeet, Tümpel oder Insektenhotel, gehören dazu. Seien Sie mutig, und gestalten Sie einen Wildgarten, einen Färbergarten oder einen Erinnerungsgarten.
Sie können sich dazu ruhig Zeit nehmen. Ein kindgerechtes Außengelände muss wachsen. Es muss mit den Kindern, gesteuert von den Erzieherinnen und unterstützt von den Eltern, entstehen. Ebenso muss der Träger der Kita in die Umwandlungs- und Entwicklungsprozesse integriert werden. An manchen Stellen werden Sie vielleicht dicke Bretter bohren müssen.

Doch Sie werden entschädigt werden. Wenn auch nicht jedes Projekt ein optimaler Erfolg werden wird, das Gesamtkonzept wird Ihre Einrichtung verändern. Positiv verändern.
Und lassen Sie sich nicht vom zukünftigen optischen Erscheinungsbild abschrecken.
Eine kindgerechte Kita ist kein Schrebergarten, keine klar strukturierte Parkanlage. Sie ist wild, ungestüm, mit einer Ordnung ausgestattet, die sich nicht auf den ersten Blick erschließen lässt. Zumindest nicht für uns Erwachsene. Kinder werden damit weniger Probleme haben. Zudem strahlt sie eine Ästhetik aus, die manchen überraschen wird.
Kein immergrüner Lebensbaum und wenig Spielzeug, selbst genormte Großspielgeräte sind nicht unbedingt notwendig. Ein Holunderstrauch, ein Haufen alter Ziegelsteine und eine Salweide als Kletterbaum sowie eine Weißdornhecke zum Verstecken schaffen unendlich mehr Spiel- und Lernräume. Und ihre ökologische Bedeutung ist ebenfalls ungleich höher. Es entsteht eine geradezu klassische Win-win-Situation. Kinder und Umwelt profitieren.
Wir Erwachsenen müssen es nur zulassen. Seinen Sie mutig, und begeben Sie sich auf eine Reise in eine vielfältige, bunte und erlebnisreiche neue Welt.

Gelungene Außenanlage:
Eine wilde Wiese, ein paar Steine und alte Holzwurzeln reichen Kindern für immer neue Entdeckungen und Abenteuer.

Sechs goldene Regeln für den Außenbereich einer Kita

1. *Kinderbeteiligung in allen Prozessschritten*
2. *Abdeckung der verschiedensten Kinderbedürfnisse*
3. *Einbringung von Kreativität*
4. *Schaffung von Strukturvielfalt*
5. *Bepflanzung mit einheimischen Arten*
6. *Unterlassung jeglichen Gifteinsatzes*

Kapitel 1:

Spiel | wiesen | zauber

Eine moderne Kita von heute:

Symbiose aus Innenräumen und Außenanlage

Kindesentwicklung: Ganzheitliche und nachhaltige Förderung

Bildungspolitik ist Ländersache. Trotz unterschiedlicher Bildungspläne der einzelnen Bundesländer weisen alle ein ganzheitliches, nachhaltiges und demokratisches Bildungsverständnis auf. Dabei findet Entwicklung in verschiedenen Bereichen statt. Alle diese Bereiche können und müssen von einer Kita entwickelt und gefördert werden. Vieles lässt sich sehr gut in den Innenbereichen umsetzen. Für manche Lernbereiche ist die Außenanlage dagegen sehr viel besser geeignet. Oftmals ist auch ein unumgänglicher Austausch zwischen Innen und Außen angesagt. Nur von einer Vorstellung muss man Abstand nehmen: Ohne ökologisch und kindgerecht gestaltete Außenanlage lassen sich heute die einzelnen Bildungsbereiche nicht mehr zeitgemäß fördern. Dabei geht es nicht nur um Fragen der Motorik oder des Naturbewusstseins, gerade auch Schlüsselkompetenzen wie Soziales Lernen, Sprache und naturwissenschaftliches Wissen können durch eine entsprechend gestaltete Außenanlage nachhaltig gefördert werden.

Duftende Blüten:
Jede Blume hat ihren eigenen unverwechselbaren Geruch.

Sinneserfahrungen

„Erkläre es mir, und ich werde es vergessen. Zeige es mir, und ich werde mich erinnern. Lass es mich selbst tun, und ich werde es verstehen." Schon vor 2500 Jahren war dem chinesischen Philosophen Konfuzius klar, dass nachhaltiges Lernen nur auf Grund von eigenen Sinneserfahrungen möglich ist. Leider ist dieses universale Wissen im Laufe der Jahrhunderte immer wieder verschüttet worden. Die moderne Pädagogik beruft sich aber wieder auf diese Wissensvermittlung. Gerade im Außenbereich der Kita bieten sich Kindern unendlich viele Möglichkeiten an, um immer wieder neue **Sinneserfahrungen** zu machen. Dabei werden alle Sinne, oftmals in Kombination, angesprochen. Im Färbergarten werden Rosenblätter gepflückt. Samuel ratscht sich dabei eine Schramme in den Unterarm. Es tut weh, aber gleichzeitig begeistert ihn der Duft der abgerissenen Blütenblätter. Die beiden Mädchen um ihn herum knabbern inzwischen an den Blättern, ein Geschmack entsteht auf der Zunge, der so gar nichts mit dem Duft gemein hat. Trotzdem ist es ein und dieselbe Pflanze. Mit diesen intensiven Sinneserfahrungen, die sicherlich auch im Langzeitgedächtnis haften bleiben, geht es nun in die Innenräume, um aus den Rosenblättern Farbe herzustellen. Mit Mörser und Stößel bewaffnet werden die Blätter zerrieben, mit etwas Wasser verdünnt, und schon haben die drei ein leuchtendes Rosa produziert, mit dem sie nun fleißig Bilder malen können. Durch den ganzheitlichen Prozess vom Pflücken über die naturwissenschaftliche Erkenntnis der Farbengewinnung bis hin zum künstlerischen Akt und die dadurch erlebten Sinneswahrnehmungen gewinnt dieses Projekt an Tiefe und kann das Kind in seiner weiteren Entwicklung prägen.

Kreativität und Ästhetik

Spielerisch und mit großer Leichtigkeit lassen sich auch weniger begabte und unterstützte Kinder in ihrer Kreativität fördern. Außenbereiche bieten dazu verschiedene Räume. Manchmal sind es die Ruhe und der Eindruck, nicht beobachtet zu werden, die Kinder dazu bringen, sich intensiv auf eine neue Situation einzustellen. Die schüchterne Rhea ist in einer solchen Situation ganz in ihrem Element. Mit Akribie und Geduld sammelt sie Steine vom großen Steinhaufen und legt sie unter einer Gebüschreihe ab. Nun wird sortiert, nach Größe und Farbe. Es entstehen Steinmuster, mit Fantasie kann man ein Pferd, einen Vogelkopf und einen Baum erkennen. In den Innenräumen hatten die Erzieherinnen ein solches Verhalten nie beobachtet. Kein Wunder, ein derartiger Rückzugsraum ist dort nicht vorhanden. Es geht aber auch ganz anders. Manche Kinder blüht erst in der Gruppe auf. **Sandbiotop** und **Wassergarten** geben dafür gute Beispiele ab. Immer wieder entstehen neue Wasserrinnen, mal wird ein Damm aus Stöckchen, dann aus Blättern integriert. Kaum hat das erste Kind eine Idee, kommt auch schon das nächste mit einem anderen kreativen Einfall.

Naturholz und alte Treckerreifen:
Hier sind Erfindungsreichtum und Kreativität von Seiten der Kinder gefordert.

Bewegung und Motorik

Die Motorik von Kindern ist häufig sehr unterschiedlich entwickelt. Manchmal fehlt es selbst an vermeintlich grundlegendsten Fähigkeiten. In der Gruppe, auf einem Spielgerät geraten solche Kinder schnell ins Hintertreffen. Sie beteiligen sich kaum noch und müssen mit großem Zeitaufwand motiviert werden. Abhilfe schaffen hier **Spiel- und Bewegungselemente**, welche unterschiedliche Schwierigkeitsgrade aufweisen. Der Kletterbaum ist sicherlich schon etwas für die „Profis". Aber den für einen ein Meter großen Knirps riesig wirkenden Hügel erklimmt auch das motorisch gehandicapte Kind. Voller Selbstbewusstsein oben angekommen, rollt es sich dann über die schütterne Rasendecke wieder nach unten.

Kletterübungen: ideal zur Förderung der Motorik.

Durch Regen, Schnee und Verwitterung verändern sich Holzstämme ständig. Somit sind immer wieder neue Bewegungserfahrungen möglich. Gerade noch konnte man ohne Probleme über den alten Baumstamm balancieren. Nach dem Regen ist er richtig glitschig geworden. Und schon liegt das erste Kind auf der Nase. Es hat die neue Situation nicht richtig eingeschätzt. Ernsthafte Verletzungen sind aber sehr selten. Mit ein wenig Fingerspitzengefühl lassen sich solche Gefahren zudem schnell entschärfen.

Unter den beliebten **Kletterbaum** gehört ein **weicher Untergrund**, bestehend aus Sand oder Rindenmulch. Eine ebene Rasenfläche ist auch noch in Ordnung. Aber in diesen Fall- und Sprungbereich gehören keine Steine und keine kleinen Gehölze. Wichtigste Elemente der Bewegungsförderung sind Hügel, Kletterbaum, Baumscheiben, Totholz und Baumstämme, genauso wie die periodisch entstehende Pfütze und der Weidentunnel.

Sprache

Sprache, bestimmt ganz wesentlich die Bildungschancen eines Kindes. Eng damit verbunden ist die spätere soziale und berufliche Stellung in der Gesellschaft.

Sprache, in ihrer ganzen Vielfalt kann nur erlernt werden, wenn man ständig und regelmäßig mit dem Kind spricht. Kinder benötigen aber genauso unzählige Möglichkeiten, um selbst zu sprechen. Dazu bedarf es neben festen **Sprachritualen** vor allem ständig neuer **Sprachanlässe**. Sind diese Sprachanlässe mit verschiedenen **Sinneswahrnehmungen** verknüpft, fällt die emotionale Annahme neuer Wörter und die Entwicklung einer runden Prosodie viel einfacher. Im Innenbereich lassen sich ständig wechselnde und überraschende Sprachanlässe nicht in dem Maße schaffen, wie es notwendig wäre. Der Außenbereich ist hier eine ideale Ergänzung. Der erste bewusst erlebte Laubfall im Herbst, die Eisdecke auf dem Teich, genauso wie der haptische Unterschied zwischen Sand und Ton oder die Gedanken, die sich ein Kind zum Tod des Amseljungen macht, all dies sind natürliche Sprachanlässe. Je mehr Struktur und Vielfalt das Außengelände bietet, desto besser ist die Sprachförderung in der Kita.

Immer wieder neue, natürliche Sprachanlässe entstehen: „Niels, gestern war es hier viel rutschiger."

Soziale Kompetenz

Mehrkindfamilien sind heute schon in der Minderheit. Umso wichtiger ist die Rolle, die Kitas bei der Entwicklung von **Sozialkompetenz** spielen. Sozialkompetenz bedeutet, dass Kinder lernen, ihre eigenen Interessen zu formulieren und zu überdenken, und im Konfliktfall in der Lage sind, **Kompromisse** und **Lösungsansätze** mit anderen auszuhandeln. Genauso müssen sie lernen, sich in andere Personen hinein zu versetzen. Auch hinsichtlich dieser Schlüsselkompetenz ergänzen sich Innen- und Außenräume. In Außenanlagen mit einem vielfältigen Spiel- und Erlebnisangebot finden sich immer wieder neue Gruppenkonstellationen zusammen. Besonders reizvoll sind Gartenelemente, die ein koordiniertes Gruppenverhalten fördern. In einem **Hochbeet** hat jedes Kind seine eigene Gemüsepflanze, doch gepflegt wird im Gruppenzusammenhalt. Auch Kinder, die dieser Gruppe nicht angehören, werden in Rollenspiele mit einbezogen. Schnell wird ihnen klargemacht, dass das noch kleine, unscheinbare Pflänzchen eine Tomate ist, die man nicht zertreten oder mit dem Ball bewerfen darf. Ähnliche Verhaltensmuster, das Eigene durch verbale Kommunikation zu schützen oder einfach darauf aufmerksam zu machen, können auch durch die Haltung von Kleintieren oder Vögeln erzielt und gefördert werden. Oftmals versuchen Kinder auch, ihre Freunde von der einen oder anderen Spielidee zu überzeugen. Auch dies ist eine gute Schule zur Erlangung von Sozialkompetenz. Mitgefühl für den Schmerz des anderen entsteht schnell, wenn sich ein Kind an den Brennnesseln wehgetan hat oder barfuß auf einen spitzen Stein getreten ist.

Gemeinschaftliche Aktion:
Manche Dinge lassen sich nur im Team erreichen.

Raum- und Zeitverständnis

Kinderaugen nehmen einen Raum und deren Ausstattung anders wahr als Erwachsene. Da ist zum einen eine andere Perspektive. Für uns ist aber auch ein **Perspektivwechsel** nichts Ungewöhnliches. Kinder müssen diese Erfahrung erst machen. In einer gut strukturierten Außenanlage können sie dies intensiver, als es in Innenräumen gestalterisch überhaupt möglich wäre. Ein Kletterbaum ist immer ein Highlight. Plötzlich schaut man auf die anderen Kinder, ja sogar auf die Erzieherinnen hinab. Ein faszinierendes Erlebnis. Je höher man klettert, desto kleiner wird die Welt da unten. Aber nicht nur dass die Menschen kleiner werden, sie werden auch leiser. Das Rufen der Erzieherin ist kaum noch zu hören. Wen wundert es da, dass viele Kinder an einer solchen Stelle liebend gerne ein Baumhaus errichten würden. Für sie ist es ein Ausbruch aus der bekannten Welt und zudem für die Erwachsenen nicht erreichbar. Genauso wie das Raumverständnis wachsen wird, kann sich auch ein Zeitverständnis entwickeln. Dabei reicht die Spanne des Begreifens vom Zeitraum „wenige Minuten“, die zum Beispiel eine Mückenlarve benötigt, um zu schlüpfen, bis hin zum Jahresgang der vier Jahreszeiten. Gerade die Anlage eines kleinen Nutzgartens schafft hier zusätzliche Lerneffekte. „Wie schnell wächst mein Radieschen?“ „Warum wächst die Salatpflanze von meinem Freund viel schneller?“ Um solche Fragen zu formulieren, bedarf es bereits eines komplexen Zeit- und Raumverständnisses.

Spaziergang durch den „dunklen Wald“: Im Außenbereich der Kita sollten Kinder vielfältige „Raumerfahrungen“ sammeln können.

Umweltwissen und Naturwissenschaft

Tiere können zwei, vier, sechs, acht, achtzig oder überhaupt keine Beine haben. Um dies festzustellen, muss man aber zählen können. **Naturbeobachtung** schafft Motivation, auch solche Lernbereiche freiwillig und mit großem Vergnügen für sich zu entdecken. Warum ist der Marienkäfer so auffallend rot, während die Asseln doch so unscheinbar grau aussehen. Kinder werden im Kita-Garten Naturentdeckungen machen, die Sie ins Staunen bringen werden. Kein Insekt, keine Schnecke ist vor ihnen sicher. Und die Konsequenz aus diesen Entdeckungen wird Stolz auf die eigene Leistung und daraus resultierend – bei entsprechender Anerkennung – Selbstbewusstsein sein. Seien Sie aber gewappnet, kleine Naturforscher werden Sie mit Fragen malträtieren, an denen auch der eine oder andere Experte verzweifeln würde. „Warum kann der Wasserläufer über den Teich laufen, ohne unterzugehen?" „Was macht die Blaumeise mit dem Gras im Schnabel?" „Wieso sind Schnecken so schleimig?" „Unter dem Baum ist es immer so angenehm kühl, warum ist das so?" „Warum verstecken sich die Ohrenkneifer in der Baumrinde und nicht in deinem Ohr?" Fragen über Fragen. Sie zeugen aber von einem unbändigen Willen der Kinder, Erlebtes zu begreifen und zu verstehen. Falls Sie einmal keine Antwort wissen, Ihre Kompetenz werden die Kinder nicht anzweifeln, wenn Sie dies zugeben. Eine Antwort kann nachgereicht werden, oder noch besser, die Frage wird in einem Experiment nachgespielt und für alle deutlich gemacht. Mit Hilfe eines wissenschaftlichen Versuchs wird im Idealfall ein weiterer Kompetenz- und Wissensgewinn erzielt. Da dieser auf einem ganzheitlichen Prozess beruht, wird er für die Kinder einfacher nachvollziehbar und abspeicherbar sein.

Naturforscher in Aktion: Kinder sind neugierig, das Kita-Außengelände sollte dies fördern.

Gesundheit

Allergien sind auf dem Vormarsch. Die Aussage von Medizinern hinsichtlich der Ursachen ist eindeutig. Kinder, die sich im Wesentlichen in hygienisch einwandfreien Räumen aufhalten, erkranken häufiger an **Allergien** als Kinder, die häufiger mit Krankheitskeimen in Kontakt treten. Wie kann man dieser Entwicklung gegensteuern, bestehen doch für die Innenräume einer Kita penibel umzusetzende Hygienepläne. Davon abzurücken, wäre sicherlich leichtsinnig. Doch im Außengelände herrschen ganz andere Bedingungen. Eine Keimfreiheit kann und sollte hier nicht angestrebt werden. Schnell nehmen Kinder in Spielsituation Sand, Erde oder Holz in den Mund. Durch einen Kratzer können ebenso schnell Bakterien in den Blutkreislauf geraten. All dies sind aber keine Horrorszenarien, sondern sie sorgen dafür, dass die Kinder ihre eigene Allergieabwehr trainieren und verbessern.

Dabei ist jedoch zwischen **Infektionen der Atemwege** und des **Magen-Darm-Traktes** zu unterscheiden. Magen-Darm-Erkrankungen gelten als „gute Infektionen", welche die Anfälligkeit gegenüber Allergien auslösenden Stoffen vermindern. Genau das Gegenteil gilt für die „schlechten Infektionen" der oberen Atemwege. Doch keine Angst, die Luftbelastung durch krankheitserregende Keime ist im Außengelände in der Regel deutlich geringer als in den Innenräumen.

Kindgerechte Ansprüche an die Außenanlage: Ein eigener Mikrokosmos

Die Kita ist in ihrer Gesamtheit **Lern-, Spiel- und Lebensraum** für die Kinder. Innen- und Außenanlagen sollten sich dabei in idealer Form ergänzen. Grundkriterien, die für eine kindgerechte Innenraumgestaltung sorgen, gelten dabei auch für den Außenbereich. Zentrales Ziel ist dabei, dass sich Kinder wohlfühlen. Dazu gilt es, die kinderrelevanten Raumfaktoren zu beachten. **Ökologische Gestaltungsprinzipien** tragen nachhaltig dazu bei, diese Raumfaktoren mit Leben zu füllen. Es ist eben nicht eine Frage des persönlichen Geschmacks, ob man eine Hecke aus Lebensbäumen oder aus einem **Artenmix mit Hasel, Holunder und Hainbuche** pflanzt. Sicherlich, beide Heckentypen erfüllen die Schutzfunktion vor fremden Blicken und machen den Kindern klar: „Hier sind die Grenzen unserer Kita." Doch eine einheimische Hecke erfüllt dazu noch eine Menge weiterer Funktionen. Sie ist **Versteck- und Beobachtungsraum**. Sie kann für eine Vielzahl von biologischen **Lern- und Experimentieraktionen** eingesetzt werden. Sie ist zudem ein Raum, der die vielfältigen Sinne der Kinder anspricht und fördert. Ein Vergleich mag dies noch stärker verdeutlichen: Stühle und Tische aller heutigen Kitas weisen kindgerechte Größenverhältnisse auf. Niemand käme heute auf die Idee, Schul- oder gar Erwachsenenmobiliar zu verwenden. In Fragen der Außengestaltung einer Kita hat sich diese an den Bedürfnissen von Kindern orientierte Handlungsweise leider noch nicht überall durchsetzen können.

Weidengeflechttunnel:
Kinder müssen sich im Außenbereich wohl fühlen.

Es kommt nicht auf die Flächengröße an

„Ja, wenn unsere Außenfläche nur ein wenig größer wäre, dann ..." – dieses Argument wird häufig angeführt, wenn es um die Gestaltung des Außengeländes geht. Dabei hat gestalterische Qualität nichts mit der Größe zu tun. Ganz im Gegenteil: **Je kleiner Ihre Außenanlage ist, desto wichtiger ist es, sich mit kindgerechten, ökologischen Lösungen auseinanderzusetzen.** Große Flächen verzeihen in viel stärkerem Maße Gestaltungsfehler. Hier bilden sich zum Beispiel spontan Strukturen, die in dieser Form gar nicht geplant waren. Nicht überall kann die pflegende Hand des Gärtners schnell eingreifen. Eine Brombeere hat sich in der Thujahecke eingenistet. Direkt am Haus wachsen einige Brennnesseln, und auf der Wiese strahlen Gänseblümchen und Löwenzahn um die Wette. In einer kleinen Anlage finden solche und ähnliche Prozesse viel seltener statt. Je kleiner Ihre Anlage ist, desto stärker ist auch die Nutzungsintensität pro Flächeneinheit. Eine **Fläche zum Austoben** benötigt jede Kita. In aller Regel mit Kurzrasen bestanden, ist diese aber bei entsprechender Nutzung schnell komplett zertrampelt, besonders wenn es auch schattige Teilbereiche gibt. Differenzieren Sie eine solche Fläche. Wildes, ungestümes Spielen ermöglichende Zonen werden mit Rindenmulch belegt, und an anderen Stellen können

Sie Sand aufschütten. Die Fläche dient immer noch dem Rennen und Toben, aber sie erfüllt zudem sogar noch weitere Aufgaben. Einen Barfußpfad mit unterschiedlichen Untergründen brauchen Sie zum Beispiel nun gar nicht mehr zusätzlich anlegen. Sie haben ja bereits einen.

Größe ist nicht alles:
Hier kann gerannt und getobt werden.

Wenn aus einem Sandhaufen ein Berg wird

Fehlende Größe lässt sich, zumindest teilweise, durch Schaffung eines deutlich sichtbaren Reliefs und **klar voneinander abgetrennter Ruhe- und Aktionsräume** kompensieren.
Die Anlage eines **Hügels** schafft nicht nur Struktur, sondern sie vergrößert auch die real nutzbare Fläche. Entscheidend dabei ist aber, dass zum Beispiel die Anlage eines rund eineinhalb Meter hohen und nur wenige Quadratmeter großen Hügels die Erlebnismöglichkeiten der Kinder vergrößert. Konnten sie auf der ebenen Rasenfläche nur laufen, Fangen spielen oder den Hummeln bei der Nektarsuche zuschauen, so können sie dies immer noch, aber zusätzlich können sie rutschen, sich runter rollen lassen oder ein wenig klettern. Selbst das beliebte Roller- und Kettcar-Fahren ist bei entsprechender Gestaltung nicht tabu. Ganz im Gegenteil, das Umfahren der Geländeerhebungen differenziert und verbessert die fahrerischen Qualitäten der Kinder. Aber selbst minimale Geländestufen verbessern die Qualität Ihrer Außenanlage. Legen Sie eine Sand- oder Tongrube an, und mit dem Bodenaushub gestalten Sie direkt daneben einen kleinen Hügel.

Aufschüttungen vergrößern die nutzbare Fläche:
für Erwachsene überschaubar, für Kinder schon ein richtiger Berg.

Bitte keine monotonen Flächen

Auch Flächen, die eine funktionale Einheit bilden, sollten klar und kleinräumig strukturiert werden. Orientieren Sie sich dabei nicht an Ihren eigenen Größenvorstellungen, sondern versetzen Sie sich in die Lage eines Kindes.
Um die Wirkung kindgerecht besser beurteilen zu können, verändern Sie Ihre Perspektive und hocken sich zum Beispiel einfach hin. Aus einem Meter Höhe sieht die Welt gleich ganz anders aus. Großflächige Bereiche wie Wiese, Sandbereich oder Hügel lassen sich leicht strukturieren. Der Rasenbereich dient zum Austoben, es spricht aber nichts dagegen, am Rand oder auf nur gering genutzten Arealen die Wiese nicht mehr wöchentlich, sondern nur noch zweimal im Jahr zu mähen. So entsteht eine kleine Wildwiese. Diese kann direkt an den Sandbereich anschließen. Hier weist

der Boden eine geringere Nährstoffversorgung auf. Dies führt dazu, dass sich klassische Wildblumenarten wie Margerite, Schafgarbe und Kornblume durchsetzen und die ansonsten dominanten Gräser verdrängen. In den Hügel können Sie eine **Trockensteinmauer** integrieren, damit lösen Sie zudem für diesen Teilbereich auch das Problem der Erosion. Vielfältigkeit entsteht natürlich auch dadurch, dass Sie ganz bewusst unterschiedliche Arten pflanzen. An einer sonnigen Stelle hat die Kita Wurzelzwerge fünf kleine **Apfelbäumchen** gepflanzt. Sicherlich eine gute Maßnahme. Die Kita Regenbogen hat ebenfalls fünf Obstbäumchen gepflanzt. Hier können die Kinder im Spätsommer neben Äpfeln zusätzlich aber auch **Birnen** und **Kirschen** ernten.

Ökologische Nische: Hier entwickeln sich Tagpfauenaugen, und Kinder lernen, dass auch Pflanzen sich wehren können.

Kühler Schatten und warme Sonnenstrahlen

Haben Sie schon einmal an einem heißen Sommertag zur Mittagszeit im kühlen Schatten einer 100-jährigen Buche gesessen? Es ist angenehm kühl, Lichtreflexe auf den dunkelgrünen Blättern zeugen von einer leichten Brise. Es singt sogar noch ein letztes Rotkehlchen. Der Raum unter der Buche ist von einer ganz besonderen Lichtstimmung erfasst. Im Kontrast dazu das flirrende Licht und die drückende Hitze in der Sonne. Man ist geblendet und sehnt sich schnell in den Schatten des Baumes zurück. Wie gut lassen sich hier noch Aktivitäten durchführen, für die es ansonsten viel zu heiß ist. Selbst wir Erwachsenen verspüren einen starken Sinneseindruck angesichts einer solchen Situation. Um wie viel stärker dürften Kinder diese Situation mit ihren noch nicht ausentwickelten Sinnen erleben. Eine aufgespannte Zeltplane oder ein Sonnensegel können nicht für eine vergleichbare Situation sorgen. Sicher, eine alte Buche steht nicht auf jedem Gelände. Aber nachhaltiges Verhalten bedeutet auch, dass wir Dinge schaffen, die nicht sofort jede Funktion erfüllen können. Manches braucht Zeit. Diese Zeit bedeutet Veränderung und erzeugt dabei eine ganz eigene Qualität. In diesem Fall bedeutet dies: Eine junge Buche wird gepflanzt. Die Kinder helfen mit, graben das Loch, fixieren den Baum und gießen ihn. Es ist **„ihr" Baum**. Nach wenigen Jahren haben sich erste tragfähige Äste entwickelt. Die nächste Generation von Kita-Kindern entdeckt diese Buche nun neu. Es wird **„ihr Kletterbaum"**. Viele Jahre später, manche Erzieherin wird sich vielleicht noch an die Pflanzung erinnern, ist der Baum mächtig und groß geworden. Als Kletterbaum schon lange nicht mehr geeignet, dient er nun als optimaler Schattenspender.

Lichtspiele aus Regen, Schatten und Sonne: Sinneserfahrungen pur.

Mehr Tier- und Pflanzenarten als im Zoo

Bei einem Besuch in einer wirklich vorbildhaften, nach ökologischen Gesichtspunkten gestalteten Kita überraschte mich die 5-jährige Birte mit der Aussage: **„Hier haben wir mehr verschiedene Tiere als im Zoo.“** Sie hatte natürlich Recht. Selbst für ein ungeübtes Auge ließen sich in einer halben Stunde über 100 verschiedene Tierarten beobachten. Versuchen Sie doch auch einmal, ihr Arsenal an Tieren und Pflanzen mit Hilfe der Kinder zu zählen und zu beschreiben. Allein beim Notieren der bunten Vogelschar werden Sie schnell auf 20 oder 25 Arten kommen. Ganz anders sieht dies in Kitas aus, deren Außengelände keinerlei natürliche Strukturen zeigt und deren „Lebensbaum-Trostlosigkeit“ nur von einer vermeintlichen Schmuddelecke aus Baumschnitt und Laubhaufen aufgehellt wird. Immerhin, ein Amselpärchen macht auf dem wöchentlich kurz geschorenen Rasen Jagd auf Regenwürmer. Darüber hinaus übernachtet manchmal ein Rotkehlchen in der Hecke. Mehr Vögel bekommen die Kinder hier nicht zu Gesicht. Das Gleiche gilt auch für die anderen Tiergruppen. Da es keine großen Steine umzudrehen gibt, gibt es auch keine Ameisennester. Wassertiere? Fehlanzeige! Wo sollten sie auch leben, einen Teich gibt es nicht, und selbst

Erdkröte in der Kita:
So etwas gibt es nur in einer naturnahen Außenanlage.

nach einem Starkregen bilden sich auf den akkurat verlegten Steinplatten und dem gepflegten Zierrasen keine Pfützen. Doch trotz dieser riesigen Unterschiede, mit Engagement lassen sich diese relativ schnell verkleinern. Dazu reicht die konsequente Realisierung zumindest einiger der hier vorgestellten, ökologisch wertvollen und zugleich kindgerechten Gestaltungselemente. Schnell wird sich auch ihr Außengelände in einen Kleintierzoo verwandeln.

Zäune – Schutz und Beschränkung zugleich

Genauso wie das gesamte Areal der Kita nach außen hin durch Hecken und Zäune abgegrenzt ist, sollten auch Ruhe- und Aktivitätsräume durch Barrieren voneinander getrennt sein. Dazu bieten sich Hecken und Einzelsträucher an. Sie trennen nicht nur, sondern schaffen einen zusätzlichen Erlebnisraum. Gerade noch flitzte Tom seinem besten Freund Jonas hinterher. Hakenschlagen, plötzlich stoppen und dann wieder schnell beschleunigen, Tom ist außer Atem und braucht eine kleine Ruhephase. Hinter der dichten Haselnusshecke hat er seinen Lieblingsplatz. Dort am Sandbiotop ist es schön ruhig, und man kann bei Sonnenschein ein paar Sandlaufkäfer beobachten, wie sie versuchen, in den lockeren Sand Röhren hinein zu graben. Doch diesmal kommt er gar nicht bis zu seiner Lieblingsstelle, denn er wird von einem schlafenden Igel abgelenkt. Vorsichtig fasst er die Stacheln an, und dann wird der sensationelle Fund den anderen Kindern gemeldet. Den Sandbiotop hat er in diesem Augenblick längst vergessen. Schließlich ist etwas völlig Unvorhersehbares passiert, eine Situation, der er sich unvorbereitet stellen muss. Aber nicht nur Heckenanpflanzungen können für solche Effekte eingesetzt werden. Auch Weidengeflechte, Hügel und Trockenmauern eignen sich, um Flächen funktional voneinander zu trennen und gleichzeitig den Kindern, aber auch der Natur einen zusätzlichen Erlebnisraum zu bieten.

Kapitel 2

Spiel|wiesen|zauber

Ökologie in der Kita:

Eine ideale Kombination

Räumliche Voraussetzungen: Individuell sehr verschieden

Jede Kita hat ein Außengelände mit einer eigenen Struktur. Die Flächengröße ist dabei nicht das allein ausschlaggebende Kriterium. Genauso spielen der **Beschattungsgrad** durch große Bäume, die **Reliefierung** durch kleine Hügel und Senken, die **Exposition** (Ausrichtung bezüglich der Himmelsrichtung) und die **Bodenqualität** eine entscheidende Rolle, um das Außengelände kindgerecht gestalten zu können.
Aber auch Faktoren wie die Lage an einer Straße mit der daraus resultierenden Lärm- und Immissionsbelastung, genauso wie die räumliche Verortung (Stadt oder Dorf, Flachland oder Mittelgebirge) müssen bei der Umsetzung diverser ökologischer Gestaltungselemente mit berücksichtig werden. Dies klingt viel komplizierter, als es wirklich ist. Bei Berücksichtigung der Standortfaktoren lassen sich aber viele Fehler vermeiden, die dazu führen, dass Projekte scheitern. Bestes Beispiel ist der im letzten Jahrzehnt stark in Mode gekommene Ansatz, mit Hilfe von Weiden Tipis, Tunnel oder Labyrinthe anzulegen. An sich eine gute Idee, doch besitzen Weidenstecklinge, um gut gedeihen zu können, bestimmte Ansprüche. Im Besonderen benötigen sie viel Licht. Eine Weidenanpflanzung im Schatten eines alten Baumes ist also von vornherein zum Scheitern verurteilt.

Baumkunst: Jede Kita ist anders und kann ihre eigene Qualität entwickeln.

Es gibt kein standardisiertes Optimum

Ökologische und kindgerechte Gestaltungs-, Spiel- und Lernelemente sollten immer im Gesamtkontext gesehen werden. Aussagen wie „Jede Kita benötigt einen Nutzgarten oder einen Kletterbaum" sind deshalb allgemein richtig, können aber im konkreten Fall trotzdem falsch sein. Auf einem kleinen Außengelände, das schon über ein Klettergerüst oder einen Seilgarten verfügt, macht es wenig Sinn, die knappe Restfläche mit einem weiteren Bewegungselement wie dem Kletterbaum zu belegen. Viel wichtiger wäre es hier, dass zum Beispiel das Grundbedürfnis von Kindern, sich zu verstecken, abgedeckt wird. Also pflanzen Sie hier besser eine Hecke oder einige Gebüsche an. Viele Gestaltungselemente benötigen nur wenig Platz. Doch sie können nicht wie in einem Supermarktregal aneinandergereiht werden. Der Tümpel neben dem Sandbiotop, dann eine Trockenmauer und eine Kräuterspirale umgeben von einer Hecke? Nein, Kinder benötigen auch genügend Freifläche, auf der sie einfach toben, rennen und Dreirad fahren können.
Zudem können nicht alle Gestaltungselemente gleich intensiv genutzt werden. 25 Kinder gleichzeitig am Bienenhaus, das kann nicht gut gehen. Dagegen ist es kein Problem, wenn sich eine ganze Gruppe in den zwei Pfützen tummelt, um im Sommer barfuß das kühlende Nass auf der Haut zu spüren. Machen Sie sich einfach eine ganz auf Ihre Kita zugeschnittene Liste: Auf der einen Seite stehen die **Bedürfnisse und Förderkriterien der Kinder**, auf der anderen Seite die **Elemente, welche diese abdecken können.**

Risiken und Gefahren: Ohne Freiräume keine Entwicklung

Für Spielgeräte gelten strenge DIN-Normen. Egal ob Rutsche, Wippe, Baumhaus oder Klettergarten, alles muss zentimetergenau passen. Natürlich unterliegen diese Geräte auch einer in regelmäßigen Abständen durchzuführenden TÜV-Prüfung. Überall technische Normen, Regeln, Verbote, wir müssen aufpassen, dass wir uns nicht überregulieren. Logische Konsequenz und leider auch schon erlebte Realität wäre der Verlust jeglicher Natürlichkeit. Konsequent zu Ende gedacht, müssten unsere Kinder in einer genormten Plastikwelt aufwachsen. Ohne scheinbare Gefahren, ohne Risiko. Doch wie hoch ist der Preis für eine solche Entwicklung? Und wie wichtig sind Erfahrungen, wie sich an einem Brombeergebüsch zu pieksen, im Schlamm zu matschen, die letzte Erdbeere zu stibitzen oder in der alten Salweide herumzuklettern. Wie soll ein Kind ein gutes Körpergefühl entwickeln können, das nie über unebenen Grund wandelt oder nie weichen Sand von harten Steinplatten zu unterscheiden gelernt hat. Kinder müssen diese Erfahrungen machen, je früher, desto besser. Das Außengelände ist dafür ein guter Ort. Hier stehen die Kinder unter fachmännischer Beobachtung und Sicherung. Hier können sie Gefahren begegnen und lernen, damit umzugehen.

Spielen auf der Baustelle: Gefahren können Kinder nur einschätzen, wenn sie mit ihnen in Berührung kommen.

Erkennen von wirklichen Gefahren

Gefahren und Risiken zuzulassen, bedeutet aber auch, im Vorfeld abzuschätzen, ob Kinder diesen Gefahren gewachsen sind. Ein offen zugänglicher Tümpel in einer Krippeneinrichtung wäre bodenloser Leichtsinn. Trotzdem müssen Sie nicht auf den Teich verzichten. In einem abgesperrten, gesicherten Bereich können Sie auch mit den ganz Kleinen kontrolliert am Wasser spielen und Sinneserfahrungen sammeln. Haben Sie die Möglichkeit, einen solchen Extrabereich einzurichten, können auch Projekte wie das Aufstellen eines Bienenstocks oder die Haltung von Hühnern realisiert werden. Bei genauer Kontrolle der Gestaltungselemente auf dem Außengelände lassen sich im Einzelfall viele Gefahren entschärfen. Unter einen Kletterbaum gehörten natürlich kein Steinhaufen, Hochbeet oder Zaun. Hier ist Abhilfe leicht möglich. Vorsicht, aber keine unreflektierte Panik ist auch bei der Auswahl der Kräuter, Stauden, Büsche und Bäume angesagt. Nichts spricht dagegen, dass im Außengelände auch leicht giftige Arten wachsen dürfen. Diese Auffassung wird sogar inzwischen von den gesetzlichen Unfallversicherungen geteilt. Ein **absolutes Tabu** sind aber Arten wie **Eisenhut, Goldregen, Pfaffenhütchen, Eibe, Stechpalme oder Tollkirsche**. Ihre Giftigkeit ist so stark, dass sie kein Verwechseln erlauben.

Angstabbau:
Muss im Vorfeld angegangen werden

In dem Beziehungsgeflecht zwischen Erzieherinnen, Kindern, Eltern und der entsprechenden Trägerorganisation sind es oft die Eltern, welche bereits im Vorfeld einer Baumaßnahme ihre Ängste zur Sprache bringen. Es sind fast immer die gleichen Sorgen: „Mein Kind wird krank, wenn es mit Schlamm spielt." „Mein Kind ist allergisch gegen Mückenstiche." Oder einfach: „Ich möchte nicht, dass mein Kind dreckig wird." Grund für diese Ängste ist eine Elterngeneration, die selbst nicht erlebt hat, wie es ist, einen natürlichen Umgang mit der Natur zu pflegen. Sie wissen oft nicht, was ihren Kindern entgeht, wenn sie keine Naturerfahrungen machen dürfen. Hier ist also von Seiten der Kita Aufklärungsarbeit zu leisten. Skepsis und Sorge können auf Infotagen, in Elterngesprächen und auf besonderen Aktionen (Waldtage etc.) angegangen werden. Unterstützung bekommen Erzieherinnen oft durch die Kinder. Sie berichten zu Hause mit Begeisterung von der ersten Schnecke, die über ihre Hand kroch, vom selbst gepflückten Apfel und von der großen Mutprobe, den Kletterbaum bis zum dritten Ast hochzusteigen. Grundsätzlich gilt: Zeigen

Der Eisenhut, die giftigste Pflanze Europas: So schön sie auch ist, in einer Kita ist kein Platz für potenziell hochgiftige Pflanzenarten.

Naturbeobachtung unter fachkundiger Begleitung: Schon vorhandene Ängste können leicht abgebaut werden.

Sie in Ihrer Kita eine große Transparenz. Binden Sie Eltern schon im Vorfeld in ein neues Vorhaben ein. Eine Kräuterspirale, ein Weidentunnel oder ein kleiner Teich werden viel eher auch von den Eltern akzeptiert, wenn diese an der Planung und am Bau oder auch an der Materialbeschaffung beteiligt werden. Viele Kitas arbeiten in dieser Form mit der Elternschaft zusammen. Manchmal lassen sich hier auch weitergehende Kooperationen anbahnen. Wer gießt zum Beispiel das Gemüsebeet in den Ferien oder versorgt die Fische im Außenaquarium? Warum sollte es nicht gelingen, für solche besonderen Aufgaben auch einen Teil der Eltern mit ins Boot zu holen? Eine starke Kraft hat, im Besonderen auch bei Eltern mit Migrationshintergrund, das Argument der Wissensvermittlung und der Vorbereitung auf die Schule. Manchmal hilft auch die Möglichkeit, die Großeltern der Kinder anzusprechen. Gerade in dieser Generation ist das Wissen um Zusammenhänge in der Natur viel größer. Vielleicht starten Sie eine gemeinsame Pflanz- und Ernteaktion mit den Kindern und deren Großeltern.

Ängste gibt es nicht nur bei Eltern

Auch Erzieherinnen sind Teil einer sich verändernden Gesellschaft. Vielleicht schon in einer Drei-Fenster-Generation (Auto, Kinderzimmer und Fernseher) aufgewachsen, gilt es, auch die Kolleginnen im Team von der enormen Bedeutung einer naturnahen Außenanlage zu überzeugen. Den grünen Daumen kann man nicht erzwingen, aber die Themenbreite in Sachen Natur ist so groß, dass jede Erzieherin sich in diesem Bereich ein Aktionsfeld erarbeiten kann. Von der Natur begeisterte Kolleginnen und Fortbildungsmaßnahmen können diesen Prozess beschleunigen. Das stärkste Argument dürften aber die Kinder selbst sein. Wer einmal Kinder bei der Suche nach Bodentieren, bei Relaxen im Weidentipi oder bei der behutsamen Pflege der selbst gepflanzten Tomatenstaude beobachtet hat, weiß, wie wichtig Naturerfahrungen für Kinder sind. Ein besonderes Kapitel stellt die Einbindung des Kita-Trägers bei der Verwirklichung eines naturnahen Außengeländes dar. Neben eigenen Argumentationsketten kann vielleicht auch die Zuhilfenahme der umfangreichen Fachliteratur oder von externen Fachleuten dazu führen, Ängste an dieser Stelle abzubauen. Nur an einer Stelle gibt es wenig Probleme: bei den Kindern. Selbst Kinder, die – von den Eltern übernommen – beim Anblick einer Spinne laut schreien, werden schnell merken, dass ihre Freunde ganz anders mit einer solchen Situation umgehen. Und auch beim Anblick der kletternden Kollegen werden schnell die Warnungen aus dem Elternhaus vergessen, niemals in den Baum zu steigen. Barfuß laufen, das traut sich erst niemand. Gibt es einige Vorreiter und machen die Erzieherinnen mit, wird schnell Begeisterung aufkommen, nun kann sich dem niemand mehr entziehen. Leben Sie Ihre persönliche Naturfaszination aus, die Kinder werden sie übernehmen und sogar einen Teil der skeptischen Eltern an die Hand nehmen und überzeugen.

Ökologie vor Ort: Wertvolle Vernetzungsstrukturen

Stockentenbesuch auf der Kita-Terrasse: Je strukturreicher das Außengelände ist, desto mehr Tierarten fühlen sich hier wohl.

Im Spielwiesenzauber stehen die Kinder und die Förderung ihrer Entwicklungsmöglichkeiten im zentralen Fokus. Trotzdem nicht zu vernachlässigen ist der Aspekt der ökologischen Verbesserung der Kita-Außenfläche für Tiere und Wildpflanzen. Tiere erfreuen uns nicht nur durch ihre Anwesenheit, ihr Verhalten und ihre Ästhetik, sondern sie sind auch ein Indikator für eine intakte Umwelt. Schnecken leben nur dort, wo keine Giftköder ausgelegt werden, Igel wiederum brauchen Schnecken als Nahrung. Sie haben zudem eine Menge weiterer Ansprüche an ihren Lebensraum. Im weichen Boden suchen sie nach Regenwürmern, sie stoßen Steine und Totholz um auf der Suche nach Asseln und Käfern. An der Pfütze oder am Ufer des Kita-Teichs stillen sie ihren Durst, und in der dichten

Hecke verschlafen sie den Tag. Im Herbst benötigen sie eine unaufgeräumte ruhige Ecke, wo sie unter angeschlepptem Pflanzenmaterial den Winter überstehen. Wird auch nur eine dieser Bedingungen nicht erfüllt, wird es keine Igel in der Kita geben. Dies gilt ebenso für viele andere Tiere.

Das Tagpfauenauge ist ein absoluter Hingucker, wenn es im Sommer auf den Blüten von Möhre, Sonnenblume und Lichtnelke nach Nektar sucht. Doch ohne eine Staudenflur aus Brennnessel finden ihre Raupen keine Nahrung. Was wir Menschen oft als Glück und reinen Zufall betrachten, wenn wir ein Tier sehen, ist in der Regel ein Zeichen dafür, dass Tierarten an dieser Stelle die für ihr Überleben notwendigen Strukturen vorfinden. Je mehr unterschiedliche Strukturen es gibt, desto artenreicher wird Ihr Garten sein. Der Verzicht auf Gifte, Überdüngung und weitere die Umwelt gefährdende Stoffe dürfte in einer Kita selbstverständlich sein, auch dies ein Grund für eine hohe Artenvielfalt. Im Idealfall können Kita-Gärten sogar als Trittsteinbiotope dienen. In einer für Tiere lebensfeindlichen Umwelt ist es entscheidend, in welchen Abständen solche kleinen Naturparadiese existieren. Wie bei einem Kinderhüpfspiel springen Tierarten von einem Trittstein zum nächsten, um sich zu vernetzen, sich auszubreiten und zu vermehren. Ein Bild, das man, unter Zuhilfenahme anderer Kriterien, auch auf unsere Kinder übertragen kann: der naturnahe Kita-Außenbereich als ein Trittstein zu einer ganzheitlichen und nachhaltigen Persönlichkeitsentwicklung.

Gesetzliche Vorgaben: Ist das Glas halb voll oder halb leer?

Bei der Planung des Außenbereichs einer Kita ist eine ganze Reihe von gesetzlichen Bestimmungen zu beachten. Vom Baurecht über das Nachbarschaftsrecht bis hin zum Naturschutzrecht reichen dabei die Restriktionen. Dazu kommen die **Bestimmungen der Unfallversicherungsgesellschaften** genauso wie die der **Gebäude- und Haftpflichtversicherer**. Auch die Träger der Kitas haben sich in einem Netzwerk von Bestimmungen und Vorgaben teilweise regelrecht verheddert. Die Übersicht hat hier niemand mehr. Dies führt zu nicht nachvollziehbaren Ergebnissen. Kommt ein Prüfer in Kita A zu dem Ergebnis, dass die Anlage eines Bienenstocks problemlos zu genehmigen ist, kommt ein anderer Prüfer an einem noch optimaleren Standort in Kita B zu einer gegenteiligen Entscheidung. Akzeptieren Sie dies, im Sinne des Kinderwohls, nicht widerstandslos. **Oftmals gehen Trägereinrichtungen, Versicherungen und Prüfer nur den Weg des geringsten Widerstandes.** Eine fachlich untermauerte und hartnäckig vorgetragene Argumentation kann schon verschlossen geglaubte Türen und Tore wieder öffnen. **Gesetze und Richtlinien sind auslegbar.** Es ist häufig eine Frage der Sichtweise und Argumentationskette, ob ein Projekt genehmigt wird oder nicht. Dies alles sollte Sie aber nicht verunsichern, denn die allermeisten ökologischen Maßnahmen innerhalb des Kita-Außengeländes sind nicht von Genehmigungen abhängig. Nur bei größeren Maßnahmen oder Elementen, die ein Gefahrenpotenzial aufweisen können, sind Sie darauf angewiesen. Das Gesagte gilt in gleichem Maße für Negativ-Maßnahmen, wie zum Beispiel das Fällen eines Baumes aus Verkehrssicherungspflicht oder der Vergrößerung von Rasenflächen aus offensichtlich betriebswirtschaftlichen Gründen. Kämpfen Sie um den Erhalt Ihres kindgerechten und ökologischen Paradieses. Die Chancen stehen besser, als Sie glauben.

Der Kletterbaum, ein Kindertraum:
Es gibt durchaus Freiräume, die Kitas konsequent für sich nutzen können.

Finanzen: Ein weiteres Argument für den Umbau

Eine Idee ist entstanden, ganz konkret, alle Widerstände und Unkenrufe sind überwunden. Doch nun folgt die Frage nach der Finanzierung. Oftmals scheitern Projekte auf dieser Ebene, da eine darstellbare Finanzierung nicht möglich ist. Schaut man sich die heutige Preise für Anschaffung und Aufbau von großen Holzspielgeräten an, so gehen diese schnell in die Zehntausende Euro. Und hier setzt ein weiteres Argument für ökologische Maßnahmen an. Sie sind durchweg sehr viel günstiger als der Kauf von konventionellen Spiel- und Lerngeräten. Oftmals, bei Ansprache von geeigneten Kooperationspartnern, sind die in diesem Buch vorgestellten Ideen und Konzepte sogar kostenlos umsetzbar. Benötigt werden nur Kreativität und Manpower. Viele andere Projekte sind problemlos aus dem kleinen Etat des Fördervereins oder aus der Kasse für Kita-Projekte zu finanzieren. Nur wenige Maßnahmen gehen über diese Finanzierungsmöglichkeiten hinaus. Und auch sie liegen immer noch weit unter den Kosten für genormte Spielgeräte. Darüber hinaus sind auch die Folgekosten aus verschiedenen Gründen niedriger. Es müssen keine TÜV-Prüfungen abgenommen werden, und auch der gerade in Großstädten verbreitete Vandalismus durch nächtliche „Besucher" verursacht deutlich geringere Kosten. Sollten doch einmal Finanzierungsschwierigkeiten auftreten, so ist dies kein Grund, ein Projekt sterben zu lassen. Neben der Ansprache von möglichen Sponsoren wie Eltern, Gartenfachbetrieben, Forststationen, Umwelt- und Grünflächenämtern, Kiesgruben- und Steinbruchbesitzern, Naturschutzorganisationen, Imkern, Kleintierzuchtverbänden oder Schrebergartenvereinen und vielen anderen ist eine ökologische Umgestaltung der Kita auch über einen längeren Zeitraum, Element für Element, durchführbar. Vielleicht ist dies sogar sinnvoller, da Kinder einen solchen Prozess dadurch sehr viel stärker begleiten und nachvollziehen können.

Birkenstamm: Ökologische Maßnahmen sind in der Regel sehr viel preisgünstiger als die klassische Anlage von künstlichen Spielgeräten.

Kapitel 3

Spiel|wiesen|zauber

Umsetzung ökologischer Ideen:

Viel leichter als befürchtet

Kinder planen und gestalten mit: Starke Ideen von starken Kindern

Zusammenspiel von Kindern und Erzieherinnen: Experten in der Planung und im Umbau der eigenen Außenanlage.

Zu Beginn des Buchprojektes Spielwiesenzauber stand die Frage im Raum, wie eine idealtypische Kita-Außenanlage wohl auszusehen hätte und ob man sie bereits beim Neubau, sozusagen als Grundstock, gestalten könnte. Schnell zeigte sich, dass solche Vorstellungen, selbst wenn die Möglichkeit besteht, auf keinen Fall realisiert werden sollten. Sicherlich, Relief, Wegeführung, Baum- und Heckenpflanzungen können im Vorfeld kindgerecht angelegt werden. Die konkrete Ausgestaltung kann aber nur in Zusammenarbeit der Erzieherinnen mit den Kindern geschehen. **Die Erzieherinnen müssen sich selbst ein Umfeld schaffen, das ihren Interessenschwerpunkten gerecht wird.** Was nützt ein Kunstgarten, wenn die Erzieherinnen das Thema gesunde Ernährung und damit verbunden einen Nutzgarten für wichtiger erachten? Zur Umsetzung ökologischer Ideen braucht es sicherlich manchmal etwas Druck, aber innerhalb eines großen, bunten Angebotkorbes sollten Erzieherinnen auswählen können und ihrer freien Lauf lassen. Halbherzig durchgeführte Aktionen haben keinen Erfolg. Und hier sind wir schon bei einem zweiten ganz wesentlichen Punkt. Binden Sie Ihre Kinder in alle ökologischen Planungen und Umsetzungen mit ein. Nur Maßnahmen und Projekte, bei denen Kinder direkt mit eingebunden werden, schaffen Identifikation. Gestalten Kinder zum Beispiel ihren eigenen Nutzgarten, werden sie sehr umsichtig ihre Pflanze pflegen. Sie werden sie gießen, täglich nach ihr schauen und darauf achten, dass andere Kinder diese Pflanze nicht beschädigen. So entsteht und wächst Verantwortlichkeit für das eigene Tun genauso wie für das Verhalten anderer. Durch Mitbeteiligung an der ökologischen Umgestaltung ihres eigenen „Reviers" bauen Kinder zudem eine tiefe Verbindung zur Kita auf. Sie werden Situationen, die sie hier wahrnehmen, spüren, entdecken, dadurch auch viel intensiver erleben können. Der Lerneffekt wird ein anderer, ein besserer sein. Zudem steigt ihr Wissen um grundsätzliche Strukturen und Prozessschritte. Diese Schlüsselkompetenz wird auch das spätere Lernen positiv beeinflussen, genauso wie ein gesundes Selbstbewusstsein entsteht.

Fachliche Hilfe: Ansprechpartner lassen sich leicht finden

Fachwissen ist nicht alles. Viel wichtiger sind eine innere Akzeptanz, Freude und Spaß am Umgang mit der Natur, mit Pflanzen und Tieren, mit dem Boden, dem Regen und all den vielen anderen Naturelementen. Ist bei Erzieherinnen Neugierde und Interesse geweckt, finden sich auch schnell Wege, das notwendige Fachwissen zu erlangen. Fortbildungsmaßnahmen zu ökologischen Fragestellungen gibt es reichlich, genauso wie eine umfangreiche Literatur für das Anlegen und Pflegen von Gärten, zum Bestimmen von Tieren oder zum Bau von Vogelhäusern und Nistkästen. Aber gerade in diesem Bereich gilt: Gemeinsam sind wir stark. Garten- und Naturerfahrungen hat ein jeder von uns gesammelt, sie bilden einen wahren Schatz, der mit in die Umsetzung zur Verbesserung Ihres Außengeländes einfließen sollte. Gärtnern ist einfacher mit einem „grünen Daumen", der entsteht aber erst durch Ausprobieren, Fehler machen, Zufallsenddeckungen und vieles mehr. Zudem gilt, was in der Nachbar-Kita funktioniert, klappt nicht automatisch auch in der eigenen Kita. Gestalterische Kreativität und geistige Flexibilität, verbunden mit Naturbegeisterung, sind die wichtigsten Voraussetzungen auf dem Weg zum eigenen kindgerechten und ökologisch orientierten Kita-Paradies. Für all die Detailfragen gibt es zudem eine Vielzahl an externen Fachleuten. Haben Sie sich eine Maßnahme vorgenommen, sprechen Sie

Pflanzaktion mit begeisterten Eltern:
Experten finden sich oft im direkten Umfeld der Kita.

Fachleute an. Dies kann der Imker, der Biologe aus dem Umweltamt, der Gärtner vom Grünflächenamt sein, genauso wie ein naturerfahrener Vater oder eine Oma mit dem berühmten grünen Daumen.

Hier finden Sie Unterstützung:

Fachämter, Kleingartenvereine, Gartenfachbetriebe, Bauern, Förstereien, Naturschutzverbände, Tierschutzvereine, Verbraucherschutzvereine, Volkshochschulen, Agenda-Büros, Künstler, Jäger, Biologen und viele mehr.

Materialbeschaffung: Meistens geht es auch umsonst

Was kostet eine Pfütze? Sie lachen, aber bei der Durchsicht praktisch aller in diesem Buch vorgestellten Ideen zur ökologischen und kindgerechten Umgestaltung Ihrer Kita fällt eins auf: Sie kosten fast nichts. Baumaterialien für Beetbegrenzungen, Hochbeete, Komposthaufen, Kübelgewässer oder Nistkästen können aus Sperrmüllmaterialien wie einer alten Schublade, einer Zinkwanne oder alten Latten gewonnen werden. Steine, Baumstämme und Totholz kann man für viel Geld im Baumarkt kaufen, es geht aber auch anders. Ein guter Draht zum örtlichen Forstbetrieb oder dem Straßenbauamt sorgen für kostenlose Materialbeschaffung. Genauso sieht es in Bezug auf Pflanzenmaterial aus. Weidenschnitt fällt im Winterhalbjahr an. Oftmals wird es dann einfach geschreddert und kommt auf den Kompost. Dem rechtzeitig im Spätsommer geäußerten Wunsch beim Grünflächenamt nach Weidentrieben kann in

Alte Feuerwehrschläuche als Kletter- und Balancierstrecke: Mit ein wenig Fantasie lassen sich viele Wünsche erfüllen.

aller Regel nachgekommen werden. Hier bekommt man auf dem „kleinen Dienstweg" oftmals auch kostenlos kleinere Mengen von Pflanz- und Gartenerde, Kompost und Mulch zur Bodenverbesserung. Pflanzen oder Samen für den Nutzgarten, den Färbergarten oder den Sinnesgarten bekommen Sie manchmal in einer benachbarten Kleingartenanlage. Sprechen Sie einfach die Gärtner an. Vielleicht entwickelt sich daraus eine schöne Kooperation, und Sie können mit den Kindern regelmäßige Exkursionen in die Kleingartenanlage machen. Noch einfacher gestaltet sich die Suche nach Wildpflanzen. Lassen Sie einfach einen kleinen Bereich brachliegen, es werden sich schnell die verschiedensten Wildkräuter ansiedeln. Natürlich können Sie zusätzlich auch einige Arten ganz bewusst pflanzen. Samen lassen sich überall in der Natur finden, und bei manchen Arten gelingt es auch problemlos, Pflanzen umzupflanzen. Eine Ackerbrache, ein Wegrand oder ein brachgefallenes Grundstück findet, sich allerorts für solche Aktionen. Gebüsche, Obst- und Kletterbäume werden Sie auf diese Art allerdings kaum anschaffen können. Selbst ein kleiner Baum hat schon ein umfangreiches Feinwurzelnetz. Graben Sie einen solchen Baum aus, wird dieses Netz großteils zerstört, und der Baum wächst nur sehr schlecht wieder an. Es braucht Jahre, bis ein solcher der Natur entnommener Baum wieder eine gute Wüchsigkeit zeigt.

Ökologie entwickelt sich: Einfach mal die Salamitaktik anwenden

Natur braucht keine Hilfe, sie entwickelt sich von ganz alleine. Sie ist kraftvoll, unbändig und immer wieder überraschend anders. Kaum liegt ein Stück der Kita-Außenanlage brach, vielleicht weil dort Baumaßnahmen geplant sind oder eine Sicherungsabsperrung aufgestellt werden musste, beginnt sich die Natur zu regenerieren. Zuerst schießen aus dem kurz geschorenen Rasen Gräser, Hahnenfuß und Habichtskraut in die Höhe. Sie entwickeln Blüten und locken Schwebfliegen und Schmetterlinge an. Auf unbewachsenen Flächen stellen sich Wildkräuter wie Wegerich, Melde oder Franzosenkraut ein. Das liegengelassene Laub vom Vorjahr fängt an zu verrotten. Asseln skelettieren die Blätter, sodass nur noch die Blattadern übrig bleiben. Den Rest besorgen die Regenwürmer. Sie ziehen die Blätter in ihre unterirdischen Röhren und verspeisen sie. Wie gut die Verdauung klappt, sieht man an den unzähligen kleinen Kothäufchen, die sie an die Oberfläche befördern. Neuer guter Boden ist so entstanden. Das reichhaltige Bodenleben lockt wiederum größere Räuber an. Laufkäfer patrouillieren auf der Suche nach Nacktschnecken. Spitzmäuse kommen hinzu, immer auf der Suche nach kleinen und großen Tieren, benötigen sie doch ihr Eigengewicht als tägliche Nahrungsmenge. Mit ein wenig Glück findet auch ein Maulwurf den Weg in Ihre Kita, sicherlich aber ein Igel. Ohne eigenes Zutun hat sich eine ökologische Initialzelle gebildet, die Kindern unzählige Beobachtungsgelegenheiten bietet. Vielleicht fangen Sie aber auch mit dem Anpflanzen eines Kletterbaumes an. Eine Salweide wächst schnell, ist robust und bietet einheimischen Insekten Platz zum Leben. „Guck mal, da kommt ein riesiger Käfer aus dem Holz." Kaum zu glauben, aber trotzdem wahr. Der mit Fühlern bis zu 5 cm große Bockkäfer legt seine Eier in das Weichholz ab. Dort entwickeln sich die Larven, um sich dann als fertige Käfer tatsächlich aus dem Holz zu bohren. Inzwischen blühen auch Ihre Obstbäume, mit großem Gesumm bestäuben Wild- und Honigbienen, Fliegen und Schmetterlinge die Blüten. Aber Sie müssen auf der Hut sein, an so mancher Blüte lauert eine gut getarnte Krabbenspinne. Je mehr Naturelemente Sie in die Kita bringen, desto größer sind die Vernetzungseffekte. Es entsteht ein ökologisches Gleichgewicht, und die Gefahr, bestimmte Schädlinge wie Schnecken oder Blattläuse könnten überhand nehmen, wird minimiert.

Gartenästhetik: Ökologie heißt nicht nur wuchernde Wildnis

Ein Vorurteil gegenüber einem Biogarten lautet: „Da wächst doch alles ungeordnet, querbeet durcheinander. Und wie das überhaupt aussieht." Sicher, die Ästhetik eines solchen Gartens ist eine andere. Aber ist sie deshalb eine schlechtere? Müssen es immer akkurat ausgerichtete Beete, von Wildkraut freigehaltene Blumenrabatten und mit Schneckenkorn und Ameisenködern vergiftete Wege sein? Nein, in einer Kita haben die Normen der klassischen Kleingartenkultur nichts zu suchen. Nicht nur dass der Pflegeaufwand viel zu hoch wäre, Kinder könnten diese peniblen und mit enormem Technikaufwand durchgeführten Maßnahmen überhaupt nicht bewerkstelligen. Die beabsichtigte Vereinnahmung durch die Kinder würde dadurch unmöglich gemacht. Ein weiterer Kritikpunkt ist der Einsatz von immergrünen Gehölzen. Egal ob im Winter oder Sommer, sie sehen immer gleich aus. Vielleicht schön, aber für Kinder völlig langweilig und ohne besondere Sinneseindrücke. Welche Bilder können dagegen in den Köpfen von Kindern und Erwachsenen entstehen, wenn sie im Frühsommer den blühenden, süßlich duftenden Holunder in der gleißenden Sonne betrachten oder das vom herbstlichen Wind dahin gepeitschte, nass glänzende Laub am Boden anfassen. Ästhetik ist mehr als gerade Linien, Sauberkeit und ein paar bunte Farbtupfer. Ästhetik sollte vielmehr alle Sinne ansprechen und Kinder beflügeln.

Gartenästhetik: Manchmal stellt sie sich von alleine ein, wichtiger ist aber die ökologische und naturpädagogische Qualität ihrer Außenanlage.

Gartenarbeit: Die Krux mit der Pflege

Egal ob kleiner Nutzgarten, Obstbaum, Kräuterspirale oder Teich, alle diese Naturelemente benötigen ihre Pflege. Während für die Grundpflege, wie Rasenmähen oder Heckenschnitt, in der Regel Fachkräfte eingesetzt werden, müssen angelegte Naturelemente vom Kita-Team selbst gepflegt werden. Dies sollte aber kein Argument gegen die Anlage solcher Elemente sein. Ganz im Gegenteil, im Sinne einer ganzheitlichen Naturerziehung müssen Kinder in diese Pflege mit einbezogen werden. Dies ist unverzichtbarer Teil des Gesamtkonzeptes. Erzieherinnen müssen dabei eine Vorbildfunktion einnehmen, der die Kinder nacheifern können. Das gemeinsame Gießen, Beschneiden, „Unkraut" Rupfen und Ernten wird so zu einem selbstverständlichen Teil des Kita-Alltages. Natürlich können noch zusätzlich bestimmte Projekte mit spezieller Zielsetzung durchgeführt werden, aber wesentlich bedeutsamer ist das Annehmen des Gartens in seiner Alltagsfunktion. Unter dieser Prämisse können die notwendigen Pflegemaßnahmen von Seiten der Erzieherinnen sicherlich leichter angenommen werden. Und denken Sie immer daran, Sie haben keinen Schrebergarten. Oftmals bedeutet ein Weniger an Pflege ein Mehr an Kindererlebnissen und ökologischer Qualität. Schwieriger ist da schon, die Pflege in den Betriebsferien zu organisieren. Drei Wochen in einem heißen, trockenen Sommer machen den meisten Wildkräutern nichts aus, aber Ihre Tomaten, Ihre Möhren würden verdorren. Vielleicht kann der Hausmeister, ein Ein-Euro-Jobber oder auch ein Elternteil einspringen. Gibt es Haustiere in der Kita, können diese in Pflege gegeben werden, oder es finden sich verlässliche Nachbarn.

Ökologisches Gesamtkonzept: Eine immerwährende Veränderung

Eine ökologische Gestaltung Ihres Kinder-Gartens ist nie fertig. Es gibt einen Status quo, der sich aber ständig verändern wird. Jede Jahreszeit wird Ihre Außenanlage in einem neuen Licht erscheinen lassen und den Kindern neue Erfahrungen bringen. Im Frühjahr haben Sie einen Erdhügel aufgeschüttet und darauf eine Wildwiese gepflanzt. Die Kinder haben den Hügel aber in einer ganz und gar anderen Art und Weise für sich entdeckt. In der Wiese haben sich einige Kinder-Trampelpfade gebildet, Erde bröckelt ab und wird vom Regen weggespült. Sie sind enttäuscht, Ihre Zielvorstellung hat sich nicht realisiert. Doch sollte dies kein Problem darstellen, ganz im Gegenteil. Die Kinder haben die neu gestaltete Fläche angenommen und in ihren eigenen Kita-Alltag integriert. Wichtiger als die idyllische Ästhetik der Wildwiese ist der Forscherdrang der Kinder. Für uns Erwachsene mag eine solche Fläche nicht akzeptabel sein. Für die Kinder und für die Natur ist sie es. Auf der staubigen Kletterpiste nehmen inzwischen Haussperlinge ein Staubbad, Mehlschwalben klauben die weiche Erde für den Bau ihres Nestes zusammen, und einige Wildbienen haben in den zusätzlich mit Sand überschütteten Bereichen erste Wohnröhren angelegt. Arbeiten Sie in einem solchen Fall nicht mit Verboten, sondern lassen Sie sich selbst überraschen, wie sich das Außengelände immer wieder neu erfindet. Genau dann sind Sie auf dem richtigen Weg. Ihr Außengelände ist kein statisches Gebilde mehr, sondern unterliegt ständigen evolutionären Veränderungen.

Kapitel 4

Spiel|wiesen|zauber

Praxiserprobte Ideen:

Kinder- und Naturparadiese entstehen

Flächengestaltung: 1.000 Quadratmeter sind nicht gleich 1.000 Quadratmeter

Kinder haben tausend verschiedene Bedürfnisse. Rumtoben, Fangen Spielen, Rennen, Kettcar Fahren sind vier davon, und die lassen sich tatsächlich am besten auf einem regelmäßig gemähten Kurzrasen ausleben. Aber was ist mit den restlichen Ansprüchen der Kinder? Auch diese benötigen Raum, um sich zu entwickeln und ausgelebt zu werden. **Strukturvielfalt ist also gleichbedeutend mit Entwicklungsförderung.** Dabei spielt der Gedanke des wilden Gartens eine zentrale Rolle, aber auch Elemente der klassischen Gartenästhetik, wie die Anlage von Gemüsebeeten, sollten nicht zu kurz kommen. Eine Kita-Außenanlage, die nur aus Wildwiese und Gebüschen besteht, ist also genauso einseitig wie die oben geschilderte Kita-Version des Zierrasens. Sie deckt sicherlich einige Bedürfnisse mehr ab, aber eben bei Weitem nicht alle. Flächengestaltung ist immer auch eine Frage der Zeitschiene. Manche Gartenelemente lassen sich von heute auf morgen umsetzen, für andere benötigen Sie allerdings Jahre, bis diese Gestaltungselemente ihre ganze Wirksamkeit erlangen. Sinnvoll ist es dementsprechend, bevor Sie mit der Planung und Umsetzung von Einzelmaßnahmen beginnen, sich im Team zumindest im Groben einen Masterplan in Bezug auf die Flächennutzung zu erarbeiten.

Flächengliederung: Paradiese auch auf kleinem Raum

Ausschlaggebend für die Qualität Ihrer Kita-Außenanlage ist nicht die Größe, sondern die Struktur und eine sinnvolle Zonierung der einzelnen Gestaltungselemente. Grundsätzlich sind Bereiche nach den Kriterien **Ruhe- oder Aktivraum** zu unterscheiden. Da die Ansprüche an die beiden Raumtypen sehr unterschiedlich sind, sollten diese Raummuster nicht übergangslos ineinander übergehen.
Es ist schlicht unmöglich, sich mit großer Konzentration und Begeisterung das Insektenleben unter einer Steinplatte anzusehen, wenn ständig um einen herum Kinder laut johlend ein Dreiradrennen veranstalten. Solche unterschiedlichen Aktivitätszonen sind räumlich zu trennen. Auch die dafür sinnvollen Elemente werden wir Ihnen vorstellen. Hecken, Einzelbäume, Trockenmauern, ein bewachsener Hügel und vieles andere mehr können die Gesamtfläche sinnvoll gliedern. Geschieht dies nicht, ist es vorprogrammiert, dass Gestaltungselemente von den Kindern nicht angenommen werden. Dies gilt in beide Richtungen. Mitten auf der Spielwiese hat ein Teich oder ein Hochbeet nichts zu suchen, genauso wenig wie ein ständig genutzter Rundweg den Ruheraum des Wildgartens kreuzen darf.
Wichtig ist zudem, dass die gesamte Kita nach außen abgeschirmt ist. Ein Zaun alleine reicht nicht. Dafür ist er zu durchlässig für Lärm, Abgase und unerwünschte Blicke. Dies gilt übrigens in beide Richtungen. Mitarbeiter von Kitas, die in reinen Wohngebieten liegen, können häufig unerfreuliche Geschichten erzählen, die von Streitigkeiten mit der Nachbarschaft in Sachen Lärm handeln. Traurig, aber wahr, dabei würden durch Heckenpflanzungen viele Probleme erst gar nicht entstehen.

Reliefunterschiede: Mächtig wie ein großer Berg

Sie kennen die Situation: Die Kinder fühlen sich völlig unbeobachtet und können ohne Zwang und Kontrolle sich ihrem Spiel hingeben. Dabei stehen sie sehr wohl unter Beobachtung. Unter Ihrer Beobachtung. Auf Grund der Kinderperspektive gibt es jedoch nur eine einseitige Sichtachse. Die Kinder können Sie nicht sehen, Sie aber sehr wohl die Kinder. Aufschüttungen und kleine Senken ermöglichen solche einseitigen Sichtachsen. Zudem gliedern und vergrößern sie den nutzbaren und bespielbaren Raum einer Kita. Eine Reliefierung sorgt zudem für Dynamik. Kinder nutzen den kleinen Berg im Winter zum Rodeln, im Sommer können sie sich runterrollen. Auch der Wassergarten wird von einem gut ausgeprägten Relief profitieren. Wasser gerät in Fluss und schafft Erosionsrillen, während sich an anderer Stelle ein kleiner Schwemmkegel bildet. Nachteil aller Hügelstrukturen ist die Gefahr des langsamen Abtragens und Erodierens. Hier helfen Befestigungsstrukturen wie Trockenmauern oder eine Brombeeranpflanzung. Lassen Sie es trotzdem zu, dass Kinder einen Trampelpfad austreten. Ganz automatisch hat sich dadurch eine neue Struktur entwickelt, die sich zudem nach jedem kräftigen Regenguss weiter verändern wird.

Kleiner Spielhügel: für unsere Augen unästhetisch, für die Kinder ein sich ständig verändernder Ort.

Wegeführung: Immer geradeaus und einmal um die Ecke ist langweilig

Fahren Sie einmal die Route 66, die Via Aurelia oder die Deutsche Märchenstraße entlang. Grandiose Landschaften werden an Ihnen vorbeiziehen, und die Straße ist Teil dieser Landschaft. Sie schmiegt sich Geländemarken an und bleibt immer ein harmonischer Teil des Ganzen. Wie dramatisch fällt dann der Kontrast ins Auge, wenn Sie über eine der gesichtslosen Autobahnen der heutigen Zeit dahinrasen. Wie ein Fremdkörper durchschneidet die Fahrbahn die Landschaft. Hügel werden durchstoßen, ganze Täler aufgeschüttet. Was im Großen gilt, lässt sich auch ins Kleine übertragen. **Wege sollten in der Kita**

Kunst im Wegesystem integriert: Ökologie und Kreativität im Einklang.

immer geschwungen sein. Die Gerade ist in der Natur ein Fremdwort. Was für die Wegeführung gilt, trifft auch auf den Belag zu. Betonierte oder asphaltierte Wege gehören nicht in eine ökologisch orientierte Kita. Regenwasser kann hier nicht versickern und fließt direkt in die Kanalisation. Zudem kann durch den Belag kein Sauerstoff in den Boden gelangen. Ein Bodenleben findet unter solchen Belägen nicht statt. Wassergebundene Beläge sind die bessere Alternative. Noch kindgerechter sind **wechselnde Beläge**. Neben Rasenfugen- und Natursteinpflasterungen können Sie auch sandige, erdige oder kiesige Abschnitte in Ihr kleines Wegenetz integrieren. Genauso gut eignen sich auch Wege aus Holzhäckseln. Wenn sich nach einem Starkregen eine Pfütze bilden kann, umso besser.

Bodenbeschaffenheit: von weich bis hart, von kalt bis heiß

Wiese – Hartfläche – Sand, diese „Dreifaltigkeit" bestimmt seit Jahrzehnten die Bodenbeschaffenheit im Außenbereich der meisten Kitas. Grundsätzlich richtig, ist das Konzept in seiner Beschränkung auf diese drei Einheiten in der heutigen Zeit abzuwandeln und zu ergänzen. Im Besonderen der Anteil und die Materialbeschaffenheit von Hartflächen ist zu verändern. Kunststoffböden unter Spielgeräten sind nicht mehr zeitgemäß. Weicher Sand

Rindenmulch als Bodenbelag: Ein idealer Ort für viele kleine Insekten, Spinnen und Asseln.

oder Rindenmulch erfüllen die Schutzfunktion in gleicher Form. Darüber hinaus gibt es eine Vielzahl von Möglichkeiten, die Bodenoberfläche mit unterschiedlichen Materialien zu belegen. Dazu gehört zum Beispiel im Herbst und Winter eine **Laubecke**. Hier können Kinder toben, sich im Laub verstecken und eine Laubschlacht veranstalten. Wenn es noch ein wenig wärmer ist, lassen Sie Ihre Kinder einfach einmal barfuß über das trockene Laub laufen. Am nächsten Tag ist es nass, und der Sinneseindruck wird ein ganz anderer sein. Damit erübrigt sich auch die Frage, warum in diesem Buch der Tastpfad nicht vorgestellt wird. Sie brauchen dieses teilweise mit großem technischen Aufwand erstellte, künstliche Element nicht in Ihrem Kita-Außengelände, wenn Sie die ökologischen Vorschläge dieses Buches umsetzen. Von ganz alleine finden sich dann eine Menge von unterschiedlichen Bodenbelägen, verteilt über das ganze Gelände. Diese brauchen Sie nicht extra zu pflegen und immer wieder mit neuem Material bestücken. Sie sind einfach da und verändern sich mit dem Wetter, der Jahreszeit und der Intensität der Nutzung. Und das von ganz alleine, ohne dass Sie eingreifen müssen.

Kindgerechte Gartenkonzepte: Immer nur Teil eines Ganzen

Ein Kita-Außengelände ist kein Garten, es ist viel mehr. Aber eine Kita ohne Garten ist auch keine richtige Kita. Gärten, in ihren unterschiedlichsten Formen, mit verschiedensten Themenschwerpunkten sind ein unersetzlicher Raum, um eine nachhaltige Kindergartenpädagogik umsetzen zu können. Die Flächengröße spielt dabei keine entscheidende Rolle. Auch auf einer nur wenige hundert Quadratmeter großen Anlage findet sich ein kleiner Flecken, auf dem sich ein Gartenkonzept umsetzen lässt. Mehr Fläche bedeutet aber schon mehr Möglichkeiten, wirkliche Kinderparadiese zu schaffen. Eine Kombination der vorgestellten Gartentypen ist natürlich auch möglich, oftmals sogar Erfolg versprechender. Auch hier gilt: Mit ein wenig Grundwissen und ganz viel Kreativität lassen sich Projekte verwirklichen, die einzigartig sein können. Aber selbst wenn es „nur" der kleine Nutzgarten mit ein paar Tomaten- und Erdbeerpflanzen oder das Stückchen Wildwiese ist, für Kinder bedeutet dies, dass sie in eine neue Welt eintauchen können. Ein Welt, die viele Kinder in der heutigen Zeit nur noch in ihrer Kita kennen lernen können.

Wilder Garten: Dornröschens Traum

Margeriten, Wiesenknopf und Schafgarbe liefern sich einen Wettstreit, wer die meisten Blütenköpfe produziert. Dazwischen wachsen Ampfer, Kornblumen und wilde Möhren. Je genauer man hinsieht, desto mehr verschiedene Blumenarten entdeckt man. Überall fliegen Hummeln, Bienen, Schmetterlinge und Schwebfliegen hin und her, immer auf der Suche nach Nektar. Dieses wilde, in gleißendes Sonnenlicht getauchte Paradies geht an seinen Rändern in eine Hochstaudenflur aus Brennnesseln, Goldruten, Nachtkerzen und Karden über. Vom Rest des Kita-Außengeländes wird dieses Dornröschenparadies durch eine blickdichte Schlehenhecke abgegrenzt. Angelegte Wege gibt es hier nicht. Damit nicht alles zertreten wird, schlängelt sich ein als Weg genutzter Mähstreifen von 50 cm Breite durch das rund 150 qm große Refugium, um an einem Sitzkreis zu enden. Ein perfekter Ort, um Kindern Geschichten, Krimis und Märchen vorzulesen. Genauso wie ein idealer Ort zur Naturbeobachtung und zum Träumen oder um sich eine Pause vom Trubel der Kita zu gönnen. Selbst der Straßenlärm und die Musik vom Nachbarhaus sind hier nicht mehr zu hören, so intensiv schluckt die Hecke den Schall. Genauso wie sie den Wind

Staudenflur aus Natternkopf und Nachtkerze entwickelt sich manchmal von ganz alleine.

fernhält. Die Kinder merken schnell, dass dieser Ort wärmer und ruhiger ist. Sicher, bei 75 Kindern wäre dieser Wildgarten schnell übervölkert, und auf Dauer ließe er sich kaum erhalten. Da aber das restliche Außengelände groß genug ist und zudem vielfältig strukturiert, hat dieser Garten seit vielen Jahren Bestand. Dazu trägt auch eine intensive Vorbereitung der Kinder durch die Erzieherinnen ganz wesentlich bei. Der Wildgarten ist ein Naturparadies, kein Ort zum Rumtoben und Pflanzen Rausreißen. Für eine Kita, die ein großes Außengelände hat und der sich zudem nicht die Möglichkeit bietet, ein angrenzendes Waldstück nutzen zu können, ein idealer Ort der Naturbeobachtung. Aber auch auf einer kleinen Fläche ist zum Beispiel eine Wildwiese am Rande des Spielrasens eine Möglichkeit, einen Wildgarten zu realisieren. Lassen Sie einfach einmal nur 10 Quadratmeter über längere Zeit ungemäht, und schauen sie, was passiert. Den Kindern zumindest wird es auffallen.

Gewusst wie: Wilder Garten

Fläche: mindestens 10 qm, bis hin zu über 200 qm

Material: Je nach Größe differenziert in die Biotopformen Wiese, Staudenflur, Hecke, zusätzlich evt. auch Teich, Totholzhaufen, Trockenmauer und Sandbiotop, außer Pflanzen und z.B. Baumstämmen (Sitzplatz) werden keine Materialien benötigt.

Einrichtung/Aufbau: Größeres Gelände benötigt einen Gestaltungsplan, der auch über mehrere Jahre umgesetzt werden kann, Wildwiese am besten aus einem Rasen, der nur noch zweimal jährlich gemäht wird, herauswachsen lassen, Staudenflur kann mit Einzelpflanzen initiiert werden, nur einmal jährlich mähen (beste Zeit ist das Frühjahr).

Zeitaufwand: Aufwändige Vorplanungen, Umsetzung ist mit sehr wenig Aufwand verbunden

Kosten: Minimal, Pflanzenmaterial kann kostenlos beschafft werden.

Kinderbeteiligung: in allen Prozessschritten möglich und wichtig

Pflege: minimaler Pflegeaufwand, da nur max. zweimalige Mahd pro Jahr und einmaliger Heckenschnitt

Besonderheiten: Durch verschiedene Bodenqualitäten schaffen Sie automatisch eine Biotopvielfalt (Brennnesselflur: viele Nährstoffe und halbschattig, Staudenflur: sonnig und trocken, Wildwiese: möglichst nährstoffarm und sandig).

Gefahrenvermeidung: evt. Kontrolle, ob sich extrem giftige Arten (Fingerhut, Stechapfel, Herkulesstaude und einige wenige mehr) ansiedeln

Einbindung in den Kita-Alltag: Stiller Ort zum Zurückziehen, Beobachten und Träumen, dazu kann hier eine Vielzahl an Naturprojekten starten.

Förderaspekte: Konzentration, Wissen, Umweltbewusstsein, Sozialkompetenz, Sprachkompetenz

Ökologische Bedeutung: Ein gut strukturierter Wildgarten ist ein wahres Eldorado für Insekten, Spinnen und andere Wirbellose, genauso wie für Mäuse, Spitzmäuse, Igel und evt. sogar Kleinraubtiere (Wiesel, Steinmarder), Lebensraum für Erdkröte, Molche und je nach Lage sogar Eidechsen, Brut- und Nahrungsbiotop für bis zu 40 Vogelarten.

Nutzgarten: Säen, Gießen, Pflegen und Ernten

Es ist über 400 Jahre her, da fand die Kartoffel den Weg aus Südamerika nach Europa. Zunächst kannte man sie hier nur als Zierpflanze, auf Grund ihrer schönen Blüten. Erst über 100 Jahre später startete in Deutschland der Kartoffelanbau. Zuerst gab es Probleme, da die Bauern, welche mit der Kartoffel nicht vertraut waren, die reifen gelblich-grünen Früchte ernteten, nicht wissend, dass diese giftig sind. Dass nur die Knollen für die Ernte nutzbar sind, wussten sie noch nicht. Heute sieht es ähnlich aus, wissen doch viele nicht mehr, wie unsere Grundnahrungsmittel tatsächlich aussehen. Pizza ist Pizza, und Spagetti Bolognese ist Spagetti Bolognese. Dass Nudeln aber nicht aus dem Boden wachsen und der Pizzateig ebenfalls aus den gleichen Pflanzen stammt, ist ihnen fremd. Erst recht sind die Begriffe Vollwertkost, gesunde Ernährung, abwechslungsreiche Kost und sogar die verschiedenen Grundgeschmacksrichtungen den meisten Kindern unbekannt. Ein Nutzgarten, den die Kinder von der Aussaat bis zur Ernte und darüber hinaus bis zur Verarbeitung selbst mitgestalten und pflegen, ist ein ideales Mittel, das Thema Ernährung und Lebensmittel zu veranschaulichen. Ein Kind, das beobachtet, wie aus der weißen Paprikablüte durch Wärme, Wasser und Licht eine rote Frucht wird, wird dies nie wieder vergessen. Berücksichtig man, mit wie wenig Aufwand ein kleiner Nutzgarten umsetzbar ist, fragt man sich schon, warum nicht jede Kita einen hat. Erfahrungen zeigen aber: Ein Nutzgarten funktioniert nur wenn die Kinder ganz zentral in alle Arbeiten mit eingebunden werden. **Sie übernehmen Verantwortung für ihre Tomatenstaude, ihren Salatkopf und ihr Radieschen.** Dabei wird es auch Enttäuschungen geben, wenn die Schnecken schneller waren oder eine Pilzkrankheit die lieb gewonnene Pflanze dahinrafft. Selbst wenn Sie keinen grünen Daumen haben, **Tomate, Radieschen, Kohlrabi, Busch- und Stangenbohnen, Kartoffeln und Erdbeeren** sind auch für den Garteneinsteiger einfach zu pflegen. Die Fortgeschrittenen versuchen es vielleicht einfach mal mit fünf jeweils einen Quadratmeter großen Beeten für unsere Getreidesorten (Roggen, Weizen, Hafer, Gerste und Mais). Und nach der Ernte wird nach dem Motto „Vom Korn zum Brot" deutlich, was eine Nudel ist und woher der Pizzateig stammt.

Namensschilder erleichtern die Pflege: Jede Kulturpflanze hat ihren Besitzer.

Gewusst wie: Nutzgarten

Fläche: von wenigen qm bis hin zu einer Fläche, die noch von den Kindern überschaubar ist und von ihnen mitgepflegt werden kann

Material: Gemüse- und Kräutersamen, vorgezogene Pflanzen, evt. zusätzliche gute Muttererde und, ganz wichtig, Gartengeräte für Kinder (Gießkannen, Schaufeln, Harken etc.)

Einrichtung/Aufbau: Zur erstmaligen Nutzung muss der Boden tiefgründig gelockert und evt. gedüngt werden, anschließend mit Mulch überdecken. Ab März kann dann ausgesät und gepflanzt werden

Zeitaufwand: einmalige Bodenvorbereitung (Rasenabstich, Bodenlockerung, evt. Wege anlegen) in wenigen Tagen

Kosten: Minimal, Pflanzen können unter Umständen auch von Eltern/Großeltern oder dem benachbarten Kleingartenverein kostenlos bezogen werden.

Kinderbeteiligung: Alle Schritte von der Aussaat über die Pflege bis zur Ernte sind Teil des Kinderalltags.

Pflege: je nach Gemüsesorte regelmäßiges Gießen, Düngen, Unkraut Zupfen und natürlich Ernten

Besonderheiten: Schmale Beete, die von den Kindern gut erreicht werden können, Mischkulturen (Gemüse, Kräuter und Blumen) anpflanzen, Boden immer mit Mulchmaterial abdecken, machen Sie sich einen Pflanzplan, damit über das ganze Jahr verteilt geerntet werden kann, ideal ist zusätzlich ein kleines Gewächshaus (Vorkultur, Anbau von Wärme liebenden Arten).

Gefahrenvermeidung: Kindern ungenießbare Pflanzenteile erklären (Früchte der Kartoffel, unreife Früchte)

Einbindung in den Kita-Alltag: alltägliche Pflegemaßnahmen wie Gießen, trockene Blätter Entfernen, dazu Wahrnehmung der Wuchsveränderungen, Projekte zum Pflanzenschutz, gesunder Ernährung und vieles mehr

Förderaspekte: Sinneswahrnehmung, Eigen- und Fremdverantwortung, Wissen, Gesundheit, Sozial- und Sprachkompetenz

Ökologische Bedeutung: In Mischkulturen kommt es selten zu Massenvermehrung von Schädlingen, insgesamt eine artenreiche Bodenlebewesenwelt (Würmer, Asseln, Gehäuseschnecken, Hundert- und Tausendfüßer).

Sinnesgarten: Der Duft der Rose und das Jucken der Brennnessel

Mindestens acht Sinne hat der Mensch, und diese sollten gefördert und gefordert werden. Die Kita-Außenanlage bietet hierzu einen idealen Ort. In einem Sinnesgarten können Sie Ihrer Kreativität freien Lauf lassen und mit den unterschiedlichsten Natur- und Kunstmaterialien arbeiten. Zu Beginn der Planungen wird Ihr Sinnesgarten vielleicht nur drei oder vier Sinne ansprechen, lassen Sie aber nicht locker, ab einen späteren Prozessschritt werden die verschiedenen Gestaltungselemente alle Sinneswahrnehmungen beeinflussen. Für das Training des **Geruchssinnes** sind duftende Rosen, Würzkräuter und der erdige Geruch des vom kühlen Gewitterregens dampfende Boden verantwortlich. Surrende Schwebfliegen, musizierende Laubheuschrecken, genauso wie die verschiedenen Anschlaggeräusche, abhängig davon, ob Kinder Holz gegen Holz oder Holz gegen Stein oder, oder … schlagen, inspirieren das Gehör. Leckere Erdbeeren, ungewohnte Gundermannblätter oder auch ein wenig verschlucktes Bodenmaterial sorgen für immer wieder überraschende **Geschmackserlebnisse**. Über unseren **visuellen Sinn** braucht man keine Beschreibungen abgeben, so unterschiedlich und immer wieder neu sind hier die Wahrnehmungsebenen. **Tast-, Temperatur- und Schmerzempfindungen** liegen nahe beieinander. Schon allein die sich verändernden Wetterbedingungen, ein Schatten spendender Baum oder die Brennnesselecke sorgen für eine intensive Wahrnehmungsebene. Kletterbaum, ebenso der als Balancierstange genutzte Baumstamm fördern den **Gleichgewichtssinn**. Zur Unterstützung und Differenzierung dieser Eindrücke können natürlich auch einzelne Kunstelemente beitragen. Ein Windspiel im Ahorn, ein Barfußweg mit unterschiedlichen Bodenmaterialien oder eine Kunstinstallation aus den verschiedensten, haptisch zu unterscheidenden Stoffen.

Lianen erklimmen einen Baum:
„Wie schafft sie das nur? Einfach einmal fühlen!"

Gewusst wie: Sinnesgarten

Fläche: wenige Quadratmeter, die mit Elementen bestückt werden, die sich über das gesamte Kita-Gelände erschließen können

Material: Alle nur erdenklichen Materialien sind möglich, Schwerpunkt liegt auf Naturmaterialien.

Einrichtung/Aufbau: Die Einzelelemente können Stück für Stück in die Anlage integriert werden.

Zeitaufwand: je nach Gestaltungselement stark differenziert

Kosten: in der Regel gering, da Verwendung von teilweise kostenlos zu beschaffendem Naturmaterial

Kinderbeteiligung: von Beginn an, müssen Gestaltungselemente als die ihren vereinnahmen

Pflege: in der Regel gering

Besonderheiten: Regelmäßige Veränderungen der Elemente erhöhen das Interesse der Kinder, konzentrierte Sinneswahrnehmung wird durch vorkommende Tiere deutlich verstärkt.

Gefahrenvermeidung: in der Regel keine, aber abhängig von Gestaltungselement

Einbindung in den Kita-Alltag: eigengesteuerte Alltagseinbindung, Ort für eine Vielzahl von naturwissenschaftlichen Versuchen

Förderaspekte: Sinneswahrnehmungen, und Kreativität, Motorik, Sprach- und Sozialkompetenz, Wissen, Konzentration

Ökologische Bedeutung: Durch die Vielfalt der Gestaltungselemente entstehen viele Kleinstbiotope mit einer großen Artenzahl.

Färbergarten: Aus Pflanzen werden Farben, wird Kunst!

Bis 1856 entstanden alle Farben aus natürlichen Materialien, aus Erden, Schnecken, Schildläusen und im Besonderen aus den verschiedensten Pflanzen.

Voll in Aktion:
Eigene Farbherstellung ist eine sehr sinnliche Erfahrung.

Alle nur denkbaren Farbschattierungen konnte man so auf natürliche Art produzieren. Felder aus Färberkrapp und Färberwaid prägten die Landschaft. All dies ist in Vergessenheit geraten, seit der britische Chemiker William Henry Perkin entdeckte, dass man auch aus synthetischen Stoffen Farben produzieren konnte. Viel billiger, schneller und farbkräftiger, verdrängten diese Kunstfarben innerhalb von nur wenigen Jahrzehnten die Naturfarben vollständig vom Markt. Eine echte Revolution, durchaus vergleichbar mit den heutigen Veränderungen im Mediensektor. Peter Reichenbach, ein Künstler aus Essen, hat sich im Zuge eines neuen Umweltgedankens und eines bewussteren Umgangs mit unserer Umwelt das Ziel gesetzt, die Idee des Färbergartens wiederzubeleben. Vom Internationalen Färbergartenzentrum Ziegenmichelhof in Gelsenkirchen aus geht Reichenbachs Idee der Färbergärten um die Welt. Ob Frankreich, Spanien, Türkei oder Israel, überall gibt es Mitstreiter für diese Idee. Selbst mit Südafrika besteht eine rege Zusammenarbeit.

Kinder tragen eine Idee in die Welt hinaus

Färbergärten können idealerweise in Kitas realisiert werden. Da sich fast alle Pflanzenarten als Färberpflanzen eignen, spielt die Größe und Lage der Kita-Außenfläche keine entscheidende Rolle. Ein kleines Hochbeet, eine wilde Ecke oder auch eine größere Gartenfläche, alles lässt sich in einen Färbergarten umwandeln. Der Fantasie der Kinder sind keine Grenzen gesetzt. Sie können Gemüsepflanzen setzen, genauso wie bunte Blumen, kräftige Gräser oder knallig leuchtende Stauden. Um Farben zu gewinnen, benötigen sie auch keine großen Mengen an Pflanzenmaterial. Dazu kommt, dass Sie alle Pflanzenteile, ob Blätter, Blüten, Samen oder Wurzeln für die Farbgewinnung nutzen können. Eine feste Erntezeit gibt es nicht, sie ist abhängig vom jeweiligen Reife- und Entwicklungsgrad der gepflanzten Arten. Dies bedeutet aber auch, dass Sie von März bis November mit den Kindern in für alle Beteiligten spannenden Prozessen Farben herstellen können. Diese wasserlöslichen Farben können für die verschiedensten Zwecke eingesetzt werden. Zum Malen genauso wie

Greiskrautblüten: Aus fast allen Pflanzenteilen und -arten kann man Naturfarben herstellen.

zu einfacher Kosmetikherstellung. Sie können selbst gemachte Kreide damit einfärben oder eine Bodypainting-Aktion starten. Bei der Nutzung völlig ungiftiger Arten ist auch die Herstellung von Lebensmittelfarben kein Problem. Bei der Farbherstellung gibt es keine Grenzen, und immer wieder überrascht das Ergebnis. Der 6-jährige David kommt zu spät, die frischen Pflanzen sind längst verteilt, und so muss er sich mit den schon leicht angegammelten Pflanzenresten begnügen. Mit einem harten Kieselstein zerquetscht er nun seine Pflanzen in einer kleinen Schüssel. Er drückt, schabt und verdünnt den Pflanzenmatsch mit etwas Wasser. Schweiß rinnt über seine Stirn und tropft in die Schüssel. Mit unendlicher Ausdauer gibt sich David seiner Arbeit hin. Die anderen sind längst fertig und haben einen hellgelben Farbton produziert. Davids Schüssel dagegen füllt sich mit einem tief orangen Farbenton. Wie ist dieser nun entstanden? Wahrscheinlich hat das lange Bearbeiten und der Zusatz von Salz aus den Schweißtropfen diesen Farbumschlag hervorgerufen. Viele dieser Farbrezepte sind längst in Vergessenheit geraten, mit Hilfe der Kinder können sie wieder in unseren allgemeinen Wissensschatz aufgenommen werden.

Gewusst wie: Färbergarten

Fläche: Von 1 qm bis zu rund 30 qm, Flächen müssen nicht zusammenhängen und können sich über das ganze Kita-Gelände verteilen.

Material: unterschiedlichstes Pflanzenmaterial, Mörser mit Stößel, Baumwolltücher, Salz, Natronpulver, Seife, Asche, Zitrone, Alaun

Einrichtung/Aufbau: Pflanzen sammeln und sortieren, anschließend zerquetschen, den austretenden Pflanzensaft mit Wasser verdünnen und auf ein weißes Baumwolltuch schütten, Tuch trocknen, mit einem feuchten Pinsel kann die Farbe dann aus dem Tuch aufgenommen werden.

Zeitaufwand: Farbgewinnung als mehrstündige Aktion, ebenso die darauf aufbauenden Farbexperimente und Kunstaktionen

Kosten: Gering, anstatt teure Holz- oder Keramikmörser können alternativ Plastikschüsseln und Kieselsteine als Stößel verwendet werden.

Kinderbeteiligung: Pflanzungen mit Kinderbeteiligung, Farbherstellung allein durch Kinder

Pflege: Minimal, Färbergarten kann ruhig verunkrauten, dann werden zusätzlich auch die Wildkräuter zur Farbherstellung genutzt.

Besonderheiten: Mit Zusatz von Salz, Natron, Zitrone oder Seife kann der ph-Wert verändert werden, dadurch entstehen völlig andere Farben, dauerhafte Haltbarkeit der Farben durch Alaunsalz.
Farbbeispiele:
Kamille: intensives Gelb
Tagetes: Orange
Stockrose: Blau
Brennnessel: tiefes Grün

Gefahrenvermeidung: keine giftigen Pflanzen (Narzisse, Maiglöckchen, Efeu etc.) zur Gewinnung von Lebensmittelfarbe einsetzen

Einbindung in den Kita-Alltag: alle typischen Gartenarbeiten mit der Möglichkeit der stillen Naturbeobachtung, mannigfaltige naturwissenschaftliche Experimente, künstlerische Aktionen

Förderaspekte: Naturbeobachtung, Sinneswahrnehmung, Feinmotorik, naturwissenschaftliche Wissensvermittlung, Kreativität, Prozessvielfalt, nachhaltiges Umweltbewusstsein

Ökologische Bedeutung: Färbergärten sind sehr artenreich und weisen viele einheimische Wildkräuter auf, dadurch artenreiche Kleintierwelt.

Erinnerungsgarten: Der Tod ist etwas ganz Natürliches

Es gibt in unserer Gesellschaft nicht mehr allzu viele Tabus, viele sind spätestens im Hinblick auf die Individualisierung gefallen. Bloggen, Twittern, die eigene Homepage, elektronische Netzwerke, unser Leben ist an vielen Stellen längst gläsern geworden. Ein Tabu hat sich aber bis heute gehalten. Es hat sich sogar weiter verstärkt. Das Thema Tod. Auch in der Kindererziehung wird dieses Thema häufig umgangen. Auf dem Weg zu einem natürlichen Umgang mit dem Thema Tod haben sich Erinnerungsgärten als ein sinnliches und kindgerechtes Instrument erwiesen. Von den Kulturpädagoginnen Birgit Mattern und Manuela Wenz aus Dortmund entwickelt und mit der Hilfe von Friedhofsgärtnern umgesetzt, lässt sich nach rund drei Jahren Praxis eine positive Bilanz ziehen. Nach intensiven Vorgesprächen mit Eltern und Erzieherinnen wird das Thema mit den größeren Kindern erarbeitet. Dazu gehören Exkursionen auf den nächstgelegenen Friedhof, der Besuch bei einem Friedhofsgärtner und die Anlage eines eigenen kleinen Friedhofes auf dem Außengelände der Kita. Dieser Erinnerungsgarten kann in ganz unterschiedlicher Form angelegt werden; so sind alle bisher angelegten Gärten Unikate. Oftmals sind sie mit Symbolen belegt. Ein Kreis, eine Spirale oder eine Fischform, Kinder erkennen diese Struktur und fragen nach dem „Warum". So entsteht auf ganz natürliche Art und Weise ein Einstieg in das Thema Leben und Sterben. Ein ruhiger Bereich ist Voraussetzung, um bei einer kleinen Zeremonie von den Kindern gefundene Insekten, Spinnen und Schnecken zu beerdigen. Auch die Bestattung eines kleinen Haustiers ist rechtlich möglich und aus pädagogischen Gründen durchaus gewollt. Genauso gut lassen sich auf einem solchen Erinnerungsgarten auch Alpträume oder schlimme Erfahrungen zu Grabe tragen. Erstaunlich viele der bisher entstandenen Erinnerungsgärten wirken wie echte Friedhöfe im Miniaturformat. Kein Wunder, Kinder sind Meister im Kopieren, und einmal über einen echten Friedhof gelaufen, übernehmen sie dessen Formenschatz. Auch der Einsatz von Friedhofsgärtnern, bei den Pflanzungen in der Kita fördert diesen Wiedererkennungswert.

Erinnerungsgarten in Dortmund: An einem ruhigen Platz lässt sich der Tod kindgerecht thematisieren.

Grabstein für zwei verunglückte Maikäfer: flüchtige Gedanken zum Tod.

Kinder tragen ihre Erfahrungen weiter

Wie intensiv sich Kinder bei einer entsprechenden Ansprache mit dem Themenkomplex Leben, Sterben, Tod und Friedhof auseinandersetzen, zeigt eine kleine Geschichte aus dem Dortmunder Süden. Die Maxikinder eines katholischen Kindergartens haben einen Erinnerungsgarten angelegt. Tote Marienkäfer, Heuschrecken, Asseln, sogar einen Schmetterling haben sie in ihrer Kita gefunden und mit einer besonderen Zeremonie, einem kleinen Papiersarg und Grabstein bestattet. Auf einer viele Wochen später stattfindenden Exkursion zum Friedhof fragt dann Ramon den Bestatter: „Wo holen Sie denn Ihre Leichen her, unsere liegen überall rum?" Der Bestatter musste einmal tief durchatmen, um dann zu gewohnter Routine zurückzukehren. Dieses kleine Beispiel zeigt, wie ungezwungen Kinder mit diesem sensiblen Thema umgehen können. Man muss sie nur lassen.

Gewusst wie: Erinnerungsgarten

Fläche: wenige Quadratmeter

Material: Pflanzen mit entsprechender Symbolik (z.B. Akelei, Christrose, Kaiserkrone, Narzisse), Steine, Naturhölzer, Wurzeln etc. als Grabschmuck

Einrichtung/Aufbau: umfangreiche Vorbesprechungen und Informationen, am besten unter zu Hilfenahme eines Experten (Pastor, Fachpädagoge, Friedhofsgärtner etc.), gilt auch für die Gestaltung und Umsetzung

Zeitaufwand: mehrere Stunden, um eine Fläche vorzubereiten und zu bepflanzen

Kosten: gering, Unterstützung durch Friedhofsgärtner oder -verwaltungen

Kinderbeteiligung: in allen Prozessschritten sinnvoll und notwendig

Pflege: regelmäßig Fläche freizupfen und neue Bestattungszeremonien durchführen

Besonderheiten: Berücksichtigung von Kulturen mit unterschiedlichen Bestattungsritualen, enge Zusammenarbeit mit Friedhofsgärtnern und Fachpädagoginnen sinnvoll

Gefahrenvermeidung: Kinder aufklären, dass einige typische Friedhofspflanzen giftig sind

Einbindung in den Kita-Alltag: Projekte zum Themenkreis Leben und Tod, Möglichkeit, auf spontane Trauerereignisse kindgerecht einzugehen

Förderaspekte: Sozialkompetenz, Auseinandersetzung mit Tabuthemen, Trauer, Gefühle entwickeln und zeigen, Konzentration und Verantwortung

Ökologische Bedeutung: niedrig, da geringer Anteil einheimischer Pflanzen

Wassergarten: Matschen, planschen und spritzen

Wasser bedeutet Leben. Ohne Wasser ist kein Leben denkbar. Kein Wunder also, dass es auf Kinder und Erwachsene einen ganz besonderen Reiz ausübt. Und dies ist noch vorsichtig ausgedrückt. Wasser zieht Kinder geradezu magisch an. Vielleicht ist es die schillernde, sich ständig im Fluss befindende Dynamik, die Kinder dermaßen fasziniert, dass sie sich stundenlang, tagelang, wochenlang mit diesem Element beschäftigen können. Dabei reicht schon ein kleines Rinnsal, das sich seinen Weg durch eine Sandlandschaft bahnt. Schnell ist der aufgeschüttete Damm weggespült, und genauso schnell ist versiegt das Rinnsal. Ab zur Pumpe oder zur gefüllten Gießkanne, und das Spiel beginnt von Neuem. Jetzt versucht eine Ameise, in halsbrecherischer Art und Weise den kleinen Sturzbach zu überqueren. Puuh, sie hat es gerade so geschafft. Schnell wieder für Nachschub sorgen. Diesmal kommt viel mehr Wasser aus der Pumpe, warum auch immer, Blätter und kleine Stöckchen werden mitgerissen. Eine unendliche Geschichte.

Wassergarten – Ein Spiel mit den Elementen: Ohne Schwengelpumpe geht es nicht.

Gewusst wie: Wassergarten

Fläche: mindestens 10 bis 20 qm

Material: Schwengelpumpe mit Wasseranschluss, Sand und Kies verschiedenster Körnung, zusätzlich können Spielelemente wie Staustufen, Wasserfälle, Holzbecken oder Sitzsteine zur Ausgestaltung eingesetzt werden, Versickerungsstelle aus Kies, bei größeren Anlagen auch Drainagerohr mit Sandabscheider.

Einrichtung/Aufbau: Große Wasserlandschaften sind etwas für Fachleute, kleinere Anlagen können in Kooperation von Eltern, Erzieherinnen und Kinder entstehen: Wasserpumpe aufbauen und mit Sand- und Kiesschüttungen Bachlauf vorstrukturieren, Arbeiten am Wassernetz müssen in jedem Fall von Fachleuten durchgeführt werden.

Zeitaufwand: bei entsprechender Mithilfe in wenigen Tagen zu realisieren, aber umfangreiche Vorplanung nötig (Wasseranschluss, Pumpenauswahl, Wasserversickerung etc.)

Kosten: Robuste Pumpen gibt es ab ca. 400 €, dazu kommen Kosten für Installation, Sand und Spielelemente.

Kinderbeteiligung: Einfache Vorarbeiten und die Verteilung von Sand und Kies können den Kindern übertragen werden.

Pflege: Regelmäßige Kontrolle auf Fremdkörper und Überprüfung der Pumpe, Blätter- und Pflanzenreste können mit ins Spiel integriert werden, trotzdem ab und an Grundreinigung und evt. Entschlammung.

Besonderheiten: frostsichere Verlegung der Wasserleitung, in der kalten Jahreszeit nicht nutzbar, kein Einsatz von Umwälzpumpen

Gefahrenvermeidung: quetschsichere, kindgerechte Pumpe einsetzen, keine Glasgefäße benutzen

Einbindung in den Kita-Alltag: in der warmen Jahreszeit ständiger Mittelpunkt vieler Spiel- und Projektaktionen

Förderaspekte: Fantasie und Kreativität, Konzentration, Sinneswahrnehmung, Sozialkompetenz, Bewegung und Motorik

Ökologische Bedeutung: Selbstständige Ansiedlung von trittfesten Feuchtgebietsarten, Sandbadestelle für Vögel, einige Vogelarten können hier feuchten Sand zum Nistplatzbau sammeln.

Große oder kleine Lösung?

Ein Außengelände ohne Wasserspiel ist nur schwer vorstellbar und ein echter Verlust für die Kinder. Nun hat aber nicht jede Kita die Fläche und das Geld zur Verfügung, eine groß angelegte, von Fachleuten konzipierte und mit Großgeräten umgesetzte Wasserlandschaft anzulegen. Faszination Wasser lässt sich aber auch mit einfacheren Mitteln schaffen. Idealer Ausgangspunkt ist eine Schwengelpumpe, die ans Wassernetz angeschlossen wird. Durch Muskelkraft können Kinder ihr eigenes Wasser fördern, welches sich dann durch eine Sand- und Kieslandschaft, vielleicht auch über Holz- oder Steinterrassen seinen kurzen Weg sucht, bevor es wieder versickert. Um für etwas Schatten zu sorgen, können Sie eine robuste Weide oder Erle anpflanzen. Sumpfpflanzen wie Schwertlilie, Rohrkolben oder Schilf machen dagegen keinen Sinn, da durch die intensive Nutzung die Pflanzen auf Dauer zertreten werden. Von ganz alleine werden sich aber trittfeste Arten wie Breitwegerich, Gänseblümchen und Kriechender Hahnenfuss ansiedeln.

Kunstgarten: Landart im Kleinen

Viele Gartenelemente legen zu Recht einen Schwerpunkt auf eine altersgerechte Wissensvermittelung im naturwissenschaftlichen und naturkundlichen Bereich. Dies bedeutet für die Kinder, ein Thema aus verschiedenen Perspektiven und unter Zuhilfenahme aller Sinne für sich selbst zu entdecken. Interesse wecken, ein Angebot schaffen, mit dem sich Kinder dauerhaft und konzentriert auseinandersetzen können, gleichzeitig spielerisch wichtige Entwicklungsschritte gehen. Und trotzdem gehört zu einem umfassenden Außengestaltungskonzept noch viel mehr. Kreativität, Fantasie und die Entwicklung einer eigenen Ästhetik gehören genauso dazu. In einem Kunstgarten lässt sich dies verwirklichen. Es kann ein eigener Kunstgarten angelegt werden, mit wetterfesten Installationen aus den verschiedensten Baumaterialien, farbenfroh und abstrakt, genauso können gegenständliche Skulpturen geschaffen werden. Und wer sagt, dass das Kinderkunstwerk wetterfest sein muss? Vielleicht ist es gerade der langsame Prozess der Verwitterung, des Vergehens, der eine Außeninstallation richtig interessant macht. Legen Sie sich keine gedanklichen Grenzen, ein Kunstgarten kann auch in den Wassergarten, den Nutzgarten, genauso gut wie in den Färbergarten und jede andere Gartenform integriert werden. Oder gestalten Sie mit Ihren Kindern **Landart**. Ringelblumen, sternförmig ausgesät, ergeben im Sommer eine knallig orange leuchtende Sonne mit ihren Strahlen. Genauso gut können Sie mit Sand, Lehm und Holzmulch ein Bodenbild schaffen. Wenn es groß genug ist, lässt es sich sogar nach der nächsten Luftbildbefliegung weltweit auf Google Earth betrachten. Es geht aber auch zwei Nummern kleiner, ohne dass Spaß, Qualität und Kreativität darunter leiden würden. Ein Baum, ausgestattet mit in den Ästen hängenden Traumbildern der Kinder oder, oder, oder. Kinder, die einmal mit dem „Virus Kreativität" angesteckt wurden, werden ihn ihr ganzen Leben in sich tragen und oft überraschend neue, ausgefallene Lösungen finden. Genauso, wie sie es im Kindergarten gemacht haben.

Kinderkunst im Außenbereich:
mehr als nur ein schmucker Blickfang für Eltern und Besucher.

Gewusst wie: Kunstgarten

Fläche: jede Flächengröße ist möglich

Material: Kunst aus Naturmaterialien, genauso gut wie aus Plastik, Metall, Glas oder Beton, sogar aus Müll

Einrichtung/Aufbau: Hier sind der Kreativität keine Grenzen gesetzt, für Planung und Umsetzung bieten sich als Kooperationspartner örtliche Kunstvereine oder Künstler an.

Zeitaufwand: von einer Tagesaktion bis hin zum über Jahre laufenden Gesamtgestaltungsprojekt

Kosten: minimale Materialkosten realisierbar

Kinderbeteiligung: Alle Prozessschritte (Bau, Aufstellung, Namensgebung, Vernissage etc.) können von den Kindern mitgestaltet werden.

Pflege: in der Regel keine

Besonderheiten: Einbindung von Künstlern ideal, viele Gestaltungsmöglichkeiten: eigener Kunstgarten, Kunst im Garten, Landart, Installationen im Eingangsbereich

Gefahrenvermeidung: bei größeren Objekten auf Standfestigkeit achten, keine Schadstoff belasteten Materialien verwenden

Einbindung in den Kita-Alltag: Projektbezogene Aktionen unterschiedlichster Länge, Objekte gehören aber auch zum Alltag, können betrachtet, bespielt oder auch verändert werden.

Förderaspekte: Fantasie, Kreativität, ästhetisches Empfinden, Sinneswahrnehmungen, Sozialkompetenz

Ökologische Bedeutung: eher gering

Gartenelemente: Kleiner Aufwand – große Wirkung

Eigene Ängste, fehlendes Fachwissen, der Druck des Trägers, die unsicheren Eltern und die Sorge, sich mit der Pflege zu übernehmen, sind die wesentlichen Argumente, die immer wieder genannt werden, wenn es darum geht, das eigene Kita-Außengelände nach ökologischen Kriterien kindgerecht umzugestalten. Viele dieser Probleme sind real betrachtet sehr viel kleiner als befürchtet. Im Folgenden stellen wir Ihnen deshalb eine Vielzahl von Einzelelementen vor, die mit geringem Einsatz von Zeit, Fachwissen und Kapital umsetzbar sind. Detaillierte Checklisten helfen Ihnen dabei bei der Generalplanung. Natürlich kann im Rahmen dieses Buches nicht jedes Detail oder jede einzelne Pflanzenart beschrieben werden. In der Regel gibt es hierzu eine umfangreiche Spezialliteratur oder den eigenen Fachmann um die Ecke. Lassen Sie sich überraschen von der Vielfalt der Möglichkeiten, schneiden Sie Projekte auf Ihre Einrichtung zu, und setzen Sie sie mit vereinten Kräften von Erzieherinnen, Kindern und Eltern um. Nur in den wenigsten Fällen benötigen Sie zur Umsetzung externe Fachleute oder ein umfangreiches Genehmigungsverfahren.

Kletterbaum: Wie die kleinen Affen

Am Kletterbaum scheiden sich die Geister. Unfallversicherung, Kita-Träger, Eltern und auch so manche Erzieherin hätten am liebsten einen genormten, allen Sicherheitsvorschriften entsprechenden Kletterbaum. Den kann es als lebenden Baum natürlich nicht geben. Genau deshalb stehen aber noch viel zu viele künstliche Kletterbäume in den Außenanlagen. Ein Vergleich zeigt sehr schnell, dass solche scheinbar sicheren Klettermöglichkeiten viel seltener angenommen werden. Neu aufgebaut sind sie der Renner, doch das Interesse lässt schnell nach. Ein gewachsener, sich ständig verändernder Kletterbaum hat dagegen immer wieder neue Qualitäten aufzuweisen und wird deshalb niemals langweilig. Einziges Problem: Bis eine frisch gepflanzte Salweide, Hainbuche oder ein Bergahorn als Kletterbaum nutzbar ist, dauert es ein paar Jahre. Doch dann besitzen sie einige Jahrzehnte eines der wichtigsten Elemente der Bewegungsförderung in Ihrer Kita. Fast ohne Pflege und regelmäßige Sicherheitskontrollen. Sie müssen nur schauen, dass die Kinder nicht in den Himmel klettern. Notfalls sind ein paar starke Äste zu entfernen, und der Kletterbaum kann nur bis zu einer gewissen Höhe genutzt werden.

Kletterbaum: Pflichtelement für alle Kitas.

Gewusst wie: Kletterbaum

Fläche: Rund sechs bis acht qm bei Neuanpflanzungen, alte Bäume benötigen deutlich mehr Platz (bis über 25 qm).

Material: schnell wachsend und bruchsicher sind: Bergahorn, Salweide, Hainbuche, Walnuss

Einrichtung/Aufbau: Beste Pflanzzeit ist der Herbst, Boden lockern und gut wässern.

Zeitaufwand: Einzelne Neupflanzungen benötigen nur ein paar Stunden Zeit.

Kosten: Je nach Größe des Baumes, günstig sind Bäume aus Baumschulen die schon früh einen zweiten Hauptstamm gebildet haben (schwer zu vermarkten, aber optimal als Kletterbaum).

Kinderbeteiligung: Pflanzung mit den Kindern zusammen

Pflege: regelmäßiges Auslichten der Krone, damit einzelne Äste stärker und schneller wachsen

Besonderheiten: Viele Baumarten eignen sich nicht als Kletterbaum: Tanne, Fichte (starke Harzbildung), Eiche, Buche (sehr langsames Wachstum) etc.

Gefahrenvermeidung: Unter den Kletterbaum gehört weiches Material (Mulch, Sand, Wiese), keine Steinschüttungen, Büsche, Zäune oder Gestaltungselemente im Fallbereich.

Einbindung in den Kita-Alltag: ständige Nutzung, durch Wuchs, Verwitterung und Jahreszeiten immer neue Kletteranreize, kann auch z.B. als Wunschbaum genutzt werden

Förderaspekte: Bewegung und Motorik, Sinneswahrnehmung, Selbstbewusstsein, Eigenverantwortung, eigene Grenzen ausloten

Ökologische Bedeutung: Nistbaum für Vögel, dazu Lebensraum vieler Kleintiere, Kätzchen der Salweide zudem auch als erste Bienennahrung, Verbesserung des Mikroklimas

Obstbäume: Mmm, schmeckt das lecker!

Ein Obstbaum wird zum Wunschbaum:
Hier wachsen süße Leckereien genauso wie kleine und große Kinderträume.

Äpfel, Birnen und Kirschen, vielleicht noch Pflaumen und Johannisbeeren, dann ist das Wissen um verschiedene einheimische Obstsorten bei den Maxikindern bereits erschöpft. Welches Kind, welcher Erwachsener weiß mit **Quitte, Sanddorn, Eberesche** oder **Kornelkirsche** etwas anzufangen. Meistens heißt es sogar: „Das sind alles giftige Vogelbeeren." Schade, entgehen den Kindern dadurch doch unzählige ungefilterte Geschmackseindrücke. In einer Zeit, in der Lebensmittel mit künstlichen Aromen auf einen einheitlichen Mainstream-Geschmack getrimmt werden, sind Kinder oftmals verunsichert und verschmähen solche Naturprodukte. Dies ist eine ganz normale Verhaltensweise. Schließlich haben Kinder gelernt, bestimmte Geschmacksstoffe mit einer sicheren Nahrungsquelle zu verbinden. Alle neuen Lebensmittel werden in der Regel erst einmal skeptisch betrachtet. Das Ausprobieren und die Gewöhnung an außergewöhnliche Geschmacksnoten fallen naturgemäß einfacher, wenn die Kinder einen direkten Bezug dazu haben. Selbst gepflückt und zubereitet fallen so manche Hemmungen.

Gewusst wie: Obstbäume

Fläche: Einzelbaum: min. 2 qm, Baumgruppe: ab 10 qm

Material: Klassisch sind Apfel, Birne und Kirsche, an warmen, sonnigen Standorten auch Pfirsich, Aprikose und Pflaume, ideale Wildbeeren: Schwarzer Holunder, Kornelkirsche, Eberesche, alternativ: Haselnuss, Walnuss und Kiwi.

Einrichtung/Aufbau: Neupflanzung von Oktober bis November, Boden vorher lockern und organischen Dünger untermischen, gut wässern, Bäumchen unter Umständen an einem Stützpfosten befestigen

Zeitaufwand: Robuste Containerware ist schnell gepflanzt.

Kosten: je nach Baumgröße gering bis zu über 1 000 € bei Anlage einer richtigen Streuobstwiese

Kinderbeteiligung: Bodenvorbereitung und Pflanzung unter Mitbeteiligung der Kinder, ebenso wie Wässern in Trockenperioden und Ernten

Pflege: Obstbäume benötigen unbedingt einen regelmäßigen Pflegeschnitt, um gut zu fruchten, sollte von Fachleuten gemacht werden, bei Wildbeerensträuchern entfällt dieser Pflegeschnitt.

Besonderheiten: Standort möglichst sonnig, und guter, nährstoffreicher, tiefgründiger Boden ist ideal, robuste, krankheitsunempfindliche Sorten auswählen, bei fehlender Fläche alternativer Anpflanzung von Kleinsträuchern wie Blau-, Preisel-, Johannis- oder Stachelbeere.

Gefahrenvermeidung: keine Gefahren

Einbindung in den Kita-Alltag: alltäglicher Versteck- und Spielraum, eventuell als Kletterbaum nutzbar, Vermittlung von biologischem Wissen, Pflege und Ernte

Förderaspekte: Sinneswahrnehmung, Naturbeobachtung, gesunde Ernährung, Bewegung

Ökologische Bedeutung: Blütennektar dient Bienen, Käfern, Schwebfliegen und Schmetterlingen als Nahrung, zusätzliche große Artenvielfalt an Kleintieren, Nistmöglichkeit für Singvögel, Verbesserung des Mikroklimas

Baumstämme: Gute Balancierstange

Jede Erzieherin kennt diese Situation. Gestern wurde ein neues Spielgerät angeliefert und in das Außengelände der Kita integriert. Heute stehen alle Kinder Schlange und wollen rutschen, schaukeln oder klettern. Je nachdem, was das Gerät so hergibt. Einen Tag später ist die Schlange immer noch lang, aber die ersten Kinder beschäftigen sich schon wieder mit anderen Dingen. Tag für Tag werden es weniger Kinder, die das neue Spielgerät nutzen. Es tritt ein Gewöhnungseffekt ein, und schon bald verliert das Gerät seinen Reiz. Kein Wunder, sind Kinder doch immer auf der Suche nach etwas Neuem. Angesichts der Kosten, die viele vorgefertigte Spielgeräte verursachen, macht es Sinn, sich über preiswertere und zugleich reizvollere Alternativen Gedanken zu machen. Naturmaterialien wie ein alter Baumstamm können oftmals dafür genutzt werden. Im Boden rutschfest verankert, kann er als Balancierstange genutzt werden. An manchen Stellen wächst Moos, dort ist es bei Regen glitschig, mittig erhebt sich ein Seitenast, dort kann man sich gut festhalten, und am Ende verrottet er schon ein wenig, da muss man beim Balancieren aufpassen. Noch ein zweiter Baumstamm dazugeholt, und schon entsteht eine Wippe. Baumstämme bieten, ganz im Gegensatz zu genormten Spielgeräten, immer wieder neue Spielsituationen. Sie fordern und fördern Kinder damit in viel stärkerem Maße.

Alter Baumstamm als Spielgerät: Einfacher geht es nicht.

Gewusst wie: Baumstämme

Fläche: wenige Quadratmeter

Material: Holzstämme von mindestens 30 cm Durchmesser und 2 m Länge

Einrichtung/Aufbau: Anlieferung und einen Stamm eventuell etwas in den Boden eingraben

Zeitaufwand: wenige Stunden

Kosten: bei Beschaffung über Gartenämter und öffentliche Forstbetriebe in der Regel kostenlos

Kinderbeteiligung: Anlieferung erfordert kräftige Hände, anschließend Nutzung durch alle Kinder.

Pflege: Keine Pflege, Stamm kann ruhig teilweise vermoosen und verrotten.

Besonderheiten: Harthölzer wie Buche, Eiche, Esche, Ahorn oder Fichte und Kiefer eignen sich besonders gut.

Gefahrenvermeidung: einen Teil der Baumstämme unter Umständen etwas im Boden verankern, um Rüberrollen und Quetschen zu vermeiden

Einbindung in den Kita-Alltag: alltäglich genutztes Spielmaterial, das von den Kindern jederzeit umgebaut und neu arrangiert werden kann

Förderaspekte: Bewegung und Motorik, Selbstbewusstsein, Hilfsbereitschaft, Sinneswahrnehmung

Ökologische Bedeutung: Lebensraum für Kleinlebewesen unter der Rinde, im Holz und am Stammrand

Totholzhaufen: Tausend kleine Krabbeltiere

Kinder brauchen in der Natur kein Spielzeug. Was sie brauchen, sind Spielmaterialien. Dinge, die sich im Laufe der Zeit verändern, die im nassen Zustand anders zu benutzen sind als im trocknen. Die Patina ansetzen oder langsam verrotten, sich auflösen. Die dabei ihre Farbe, ihre Form und ihre Konsistenz verändern. Naturholz verkörpert all diese Eigenschaften. Einfach ein paar frisch gefällte Teile von Baumstämmen oder Wurzeltellern in eine Ecke der Außenanlage legen, und schon ist eine nachhaltige Spiel- und Forscherecke entstanden. Zuerst entsteht vielleicht eine Bank, Stühle, welche die Kinder aus den Stammteilen zusammenstellen. Irgendwann bröckelt die Rinde. Munter knibbeln Kinder daran und verbessern ihre Feinmotorik. Inzwischen haben erste Holz bewohnende Käfer ihre Eier in das Totholz gelegt, die Larven entwickeln sich und bohren sich durch das Holz. Es beginnt, zu verrotten. An manchen Stellen ist es weich geworden, bei Regen saugt es sich voll wie ein Schwamm und kann regelrecht ausgepresst werden. Man glaubt gar nicht, welche spannenden Erlebnisse Kinder mit so ein paar „ollen Baumscheiben“ über einen langen Zeitraum erleben können.

Totholzhaufen aus Wurzeln, Ästen und Stämmen: natürlicher Sammelpunkt für Bodentiere.

Gewusst wie: Totholzhaufen

Fläche: wenige Quadratmeter in einem ruhigen Spielbereich

Material: Baumstammteile von bis zu 1 m Länge, Wurzelteller

Einrichtung/Aufbau: mehrere Totholzteile einfach ins Außengelände bringen

Zeitaufwand: minimal

Kosten: Stammschnitt bekommt man häufig kostenlos bei den kommunalen Grünflächenämtern oder Forstbetrieben.

Kinderbeteiligung: Nach der Beschaffung übernehmen Natur und Kinder alle weiteren Prozessschritte.

Pflege: keine Pflege, einfach verrotten lassen

Besonderheiten: Weichholzarten mit grober Borke eigenen sich (Birke, Weide, Pappel) besonders gut, es können aber praktisch alle einheimischen Hölzer verwendet werden, Stammteile sollten von den Kindern gerade noch bewegt werden können.

Gefahrenvermeidung: keine wirklichen Gefahren

Einbindung in den Kita-Alltag: Alltagsspielmaterial und Experimentierraum

Förderaspekte: Sinneswahrnehmung, Zeitverständnis, Motorik, Wissen, Kreativität

Ökologische Bedeutung: Entwicklung von Totholz bewohnenden Kleintieren (Käfer, Asseln, Spinnen etc.)

Komposthaufen: Aus Abfall entsteht neues Leben

Komposthaufen: Bei richtiger Befüllung gibt es keine Probleme.

Ein Garten ohne Komposthaufen ist kein Garten. Dieser Gärtnerspruch lässt sich auch auf den Kita-Garten übertragen. Dabei ist ein Komposthaufen nicht einfach ein schmuddeliges Gartenelement, sondern ein richtiger Organismus, sozusagen der Verdauungsapparat des Gartens. Aus Abfällen wie Gehölz- und Grasschnitt, Blättern, Stroh, Tiermist, aber auch aus pflanzlichen Küchenabfällen wie Obstschalen und Gemüseresten entsteht reifer Kompost. Dieser kann überall im Garten neu verwendet werden: bei der Anlage und Bodenverbesserung von Beeten, Kräuterspiralen und Neubepflanzungen. Unendlich spannend, ja geradezu dramatisch ist der Prozess, der aus Abfällen wertvollen Kompost entstehen lässt. Mindestens ein Jahr braucht die Natur dazu. Verantwortlich sind dabei neben chemischen und physikalischen Prozessen eine Vielzahl von Bodenlebewesen. Ohne Regenwürmer geht nichts, aber genauso sind Tausendfüßer, Asseln, Springschwänze, Insektenlarven und Pilze beteiligt.

Gewusst wie: Komposthaufen

Fläche: für zwei Komposthaufen 1–2 qm

Material: funktioniert ohne Behälter genauso gut und ist für Kinder viel besser zu betrachten

Einrichtung/Aufbau: Abfälle möglichst locker und gemischt aufschichten, evt. Behälter (an einer Seite offen) aus Holz, Kunststoff oder Metall verwenden

Zeitaufwand: minimal

Kosten: keine, Behälter kann aus Holzresten gebaut werden

Kinderbeteiligung: Abfälle aufschütten, bei Trockenheit gießen und den reifen Kompost ernten, all dies können Kinder mitgestalten.

Pflege: bei längerer Trockenheit etwas gießen

Besonderheiten: Gute Abfallmischung aus grobem, feinem, feuchtem und trockenem Material, Anlage nicht auf befestigtem Untergrund, windgeschützter, schattiger Standort, ist der erste Komposthaufen voll, sollte er ein Jahr lang reifen, inzwischen kann ein zweiter angelegt werden.

Gefahrenvermeidung: keine Essensreste (ziehen Ratten an) verwenden

Einbindung in den Kita-Alltag: Rituale der Umweltbildung (Abfall sortieren) einführen, Tierbeobachtung, Experimente

Förderaspekte: Umweltbewusstsein, Raum- und Zeitverständnis, Verantwortung, Wissen und Naturbeobachtung, Sinneswahrnehmung

Ökologische Bedeutung: Die Kleintiere im Kompost locken Spitzmäuse und Igel an, er bietet Erdkröten und Molchen Überwinterungsplatz, Reduzierung der Müllmenge.

Weidengeflechte: Lebende Tunnel, Zelte und Hütten

Weiden werden seit Urzeiten vom Menschen genutzt. Wer kennt nicht die Vielzahl von Weidenkörben, Weidenmöbeln und weiteren Accessoires aus Weidenästen. Doch auch aus lebenden Weidenästen lässt sich eine Menge machen. Lebende Häuser, Tipis, Tunnel und Labyrinthe sind in den letzten Jahren in Mode gekommen. An einem sonnigen Standort gepflanzt, verbreiten sie schnell eine geradezu mythische Stimmung. Manche Kitas nutzen solche Weidengeflechte regelrecht als Meditationsraum. Das dichte Stängel- und Blattwerk verhindert, dass Belastungen in Form von Lärm, Staub, Sonne und Gerüche bis ins Innere des Weidenhauses dringen. Hier ist es kühl, es duftet nach Sommer, und das Licht wirft flimmernde Reflexe ins Innere. Weidengeflechte sind also ein optimaler Ort der Ruhe und der Konzentration. Natürlich können sie aber auch mit wilden Spielen in Beschlag genommen werden. Dies sollte aber nicht tagtäglich in großen Gruppen geschehen, da besonders die noch sehr jungen Stecklinge ansonsten überbeansprucht werden und eingehen können. Einmal eingewachsen und in den ersten Jahren gut mit Dünger und Wasser versorgt, sind Weidenhäuser sehr robust und zudem ein wichtiger Lebensraum für eine Menge von Insektenarten und deren Larven, die sich gerade auf Weidenarten spezialisiert haben.

Haus aus Weidenstecklingen:
ein Platz zum Verstecken und Träumen.

Gewusst wie: Weidengeflechte

Fläche: Min. 5 qm für ein kleines Weidentipi, große Labyrinthe oder Tunnel können einige Dutzend qm groß sein.

Material: Weidenstecklinge von rund 1–2 m Länge, Durchmesser: 1–3 cm, ideale Arten sind Korb- und Silberweide, andere Arten wie Purpur-, Lorbeer- oder Grauweide nur bedingt einsetzbar, da sie schwachwüchsig sind.

Einrichtung/Aufbau: Stecklinge zwischen März und Mai rund 40 cm tief eingraben, Boden festdrücken und die ersten drei Jahre intensiv düngen und wässern, Triebe je nach gewünschter Form zusammenbinden

Zeitaufwand: Einen Weidentipi anzulegen, dauert rund einen Tag.

Kosten: Weidenmaterial im Handel ist überraschend teuer, oftmals aber kostenlose Abgabe durch Grünflächenämter und Forstbetriebe.

Kinderbeteiligung: Anlage und Pflege können von Kindern in Zusammenarbeit mit den Erzieherinnen übernommen werden.

Pflege: In den ersten Jahren sehr intensiv (düngen, wässern), dazu regelmäßiger Beschnitt zwischen Dezember und März (geringer Saftfluss), der Beschnitt kann wieder gepflanzt oder als Bastel- und Spielmaterial genutzt werden.

Besonderheiten: Stecklinge vor dem Einpflanzen einige Tage im Wasser lagern, Abstand zwischen den Pflanzen: 10–40 cm, richtig herum einpflanzen, Augen und Triebe müssen nach oben zeigen.

Gefahrenvermeidung: keine bekannten Gefahren

Einbindung in den Kita-Alltag: strukturieren das Gelände, im Kita-Alltag häufig ein Ort der Ruhe und Entspannung, aber auch aktives Spiel möglich, ebenso wie naturwissenschaftliche Versuche

Förderaspekte: Bewegung, Motorik, Umweltbewusstsein, Sinneswahrnehmung, naturwissenschaftliches Wissen

Ökologische Bedeutung: Weiden beherbergen mit die meisten Insektenarten aller einheimischen Sträucher, Kätzchen als ideale Bienennahrung, Versteckraum von Kleinsäugern

Hecke: Gutes Versteck für zwei- und vierbeinige Mäuse

Ein nackter Gitterzaun, eine hohe Mauer oder das immer gleiche „Plastikgrün" von Lebensbäumen oder Kirschlorbeer, immer noch gibt es Kitas, die so umgrenzt sind. Auf den ersten Blick wirkt alles sauber und aufgeräumt. Aber es ist nicht ökologisch und schon gar nicht kindgerecht. Wie viel mehr Sinneseindrücke bietet dagegen eine Hecke aus einheimischen Sträuchern wie Weißdorn, Holunder, Haselnuss oder Hainbuche. Im Winter schützen das trockene Laub der Hainbuche und die vielen Triebe des Holunders vor Blicken. Im Wind raschelt es geheimnisvoll. Erste frische Blätter künden im Februar vom nahenden Frühling. Ist der Mai gekommen, duften die Blüten von Holunder und Weißdorn, und im Schutz der Hecke hat ein Zaunkönig oder eine Amsel ein Nest gebaut. In der Hitze des Sommers zeigt die Hecke eine weitere Qualität, in ihrem Schatten ist es deutlich kühler als in der stehenden Hitze auf dem Rasen. Im Herbst überrascht eine solche Wildhecke dann mit einer Farbenpracht, die ihresgleichen sucht. Essbare Früchte und buntes Herbstlaub sorgen für neue Sinneseindrücke. Wer schnell genug ist, kann auch einen Teil der reifen Beeren und Nüsse ernten, der Rest geht an Vögel, Mäuse und Eichhörnchen, die immer für spannende Beobachtungen gut sind. Eine solche Hecke lebt und ist immer anders. Hier fühlen sich Tiere wohl, und die Kinder entdecken einen zusätzlichen Lebensraum auf der Außenfläche der Kita.

Haselnusshecke: Einheimische Strauch- und Baumarten sollten bevorzugt werden.

Rückzugsraum und Versteckplatz

Verstecken spielen, welches Kind macht das nicht gerne? Doch warum ist dieses Spiel seit Urzeiten und in allen Kulturen so beliebt. Vielleicht auch deshalb, weil es ein Grundbedürfnis befriedigt. Von anderen nicht gesehen werden, sich unbeobachtet fühlen und gleichzeitig von einem Sicherheit ausstrahlenden Ort selbst beobachten zu können. Eine breite Heckenstruktur bietet idealen Raum und Platz für solche Kinderbedürfnisse. Kinder müssen nicht ständig unter Beobachtung stehen, ein Ort zum Zurückziehen ist wichtig. Dies lässt sich überall beobachten, wenn Kinder einen Tunnel oder eine Versteckmöglichkeit selbst in der kleinsten Lebensbaumhecke anlegen. Eine zumindest an manchen Stellen sehr breit angelegte Hecke bietet zudem auch Raum für kleine Gruppen von Kindern, die dort zusammen das eine oder andere Abenteuer erleben oder auch ein „großes" Geheimnis pflegen können.

Gewusst wie: Hecke

Fläche: Heckenbepflanzung als Einfriedung eines Teils oder der Gesamtheit des Außengeländes

Material: Als ideale Arten bieten sich an: Weißdorn, Hainbuche, Schwarzer Holunder, Hasel und Feldahorn.

Einrichtung/Aufbau: Großflächige Heckenpflanzungen sollten von Fachleuten angelegt werden, Ergänzungspflanzungen und eine zweite Reihe können aber auch in Eigenregie gesetzt werden, ideale Pflanzzeit ist der Herbst.

Zeitaufwand: bei Einzelpflanzen geringer Zeitaufwand

Kosten: Bei Stecklingen sehr gering, ältere Pflanzen sind deutlich teurer und wachsen zudem schlechter an.

Kinderbeteiligung: Einzelsträucher können zusammen mit Kindern gepflanzt und gepflegt werden, bei Gesamtbepflanzungen nur geringe Mitwirkung möglich.

Pflege: Ein jährlicher Beschnitt im Herbst reicht, Einzelsträucher können je nach Nachbarschaftssituation auch durchwachsen.

Besonderheiten: nur einheimische, blühende und Laub abwerfende Arten verwenden, möglichst verschiedene Arten verwenden, nicht zu dicht pflanzen

Gefahrenvermeidung: keine giftigen Arten (Eibe, Stechpalme, Liguster, Kirschlorbeer) verwenden

Einbindung in den Kita-Alltag: alltäglicher Rückzugs-, Versteck- und Spielraum, Vermittlung von biologischem Wissen, Pflege und Ernte

Förderaspekte: Sinneswahrnehmung, Naturbeobachtung, Schutz- und Sicherheitsbedürfnis

Ökologische Bedeutung: Brut-, Nahrungs- und Rückzugsraum für viele Singvögel, Lebensraum für Eichhörnchen, Mäuse, Spitzmäuse und Igel, vielfältige Insektenwelt wie Schwebfliegen, Käfer, Ohrenkneifer und Schmetterlinge, Verbesserung des Mikroklimas

Hochbeete: Ohne Schneckenplage und auf Augenhöhe

Während Tomaten und Paprika auf den normalen Beeten noch unscheinbar grün sind, laden tiefrote Tomaten auf dem Hochbeet zum Pflücken ein. Kein Wunder, ist doch ein Hochbeet ein gewaltiger Beschleuniger. Ein anderes Mikroklima und bessere Bodenverhältnisse sorgen dafür, dass viele Nutzpflanzen besser und vor allem schneller wachsen. Somit eignet sich ein Hochbeet hervorragend für die Kita. Denn was nützt es, wenn die knackigen Radieschen, die saftigen Gurken oder der große Kürbis erst in den Ferienmonaten reifen oder längst von Schnecken oder Wühlmäusen zerfressen sind. In einem Nutzgarten wollen Kinder schließlich ernten und probieren. Natürlich können auch Blumen gepflanzt werden, doch seinen eigentlichen Zweck erfüllt das Hochbeet als Pflanzort für Gemüse und Kräuter. Zusätzlich sorgt es für Struktur, und die Pflanzen werden nicht so schnell zertrampelt.

Hochbeet aus alten Holzschubladen: Gestaltungs- und Bepflanzungsmöglichkeiten ohne Ende.

Gewusst wie: Hochbeete

Fläche: Hochbeete sollten für Kinder erreichbar sein, deshalb eine max. Breite von 60 bis 80 cm und eine Höhe von rund 50 cm.

Material: Einfassung aus stabilen Materialien wie Holzbalken, Steinen, Bodenmaterial

Einrichtung/Aufbau: 30 cm tiefe Grube ausheben, Einfassung aufbauen und wie folgt von unten nach oben befüllen: zerkleinerte Äste zur Belüftung, alte Rasensoden, Kompost, Laub oder Pappe, min. 30 cm gute Erde

Zeitaufwand: eine gute Tagesaktion

Kosten: je nach Einfassungsmaterial von kostenlos bis minimal

Kinderbeteiligung: Hochbeet mit den Kinder bauen, anlegen und bepflanzen, bei Ernte und Pflege sind Kinder immer beteiligt.

Pflege: Hochbeete müssen regelmäßig gegossen werden, die ersten Jahre nur wenig düngen.

Besonderheiten: auf Grund der großen Bodentrockenheit kaum Schnecken, durch Maschendraht unter der Häckselschicht auch guter Schutz vor Wühlmäusen, geeignet für fast alle Nutzpflanzen und Kräuter

Gefahrenvermeidung: keine Gefahren

Einbindung in den Kita-Alltag: tägliche Aktionen wie Gießen, „Unkraut Zupfen", Veränderungen Wahrnehmen, Ernten, Ort für Beobachtungen und diverse Projekte

Förderaspekte: Sinneswahrnehmung, Umweltbewusstsein, Fein- und Grobmotorik, Sozialkompetenz, gesunde Ernährung

Ökologische Bedeutung: Ansiedlung von wärmeliebenden Kleintieren, Entwicklung einer artenreichen Bodenfauna, da die Bodenschichtung nicht durch Graben oder Harken ständig gestört wird

Pflanzschalen: Das kleinste Biotop der Welt

Beton, Asphalt und Pflastersteine, soweit das Auge reicht. So sieht das zur Straße gewandte Außenbild mancher Kita aus. Viele Gestaltungsmöglichkeiten zur ökologischen Verbesserung gibt es hier nicht. Zumindest nicht, ohne einen gewaltigen finanziellen und bürokratischen Aufwand zu betreiben. Was aber immer umsetzbar ist, nur wenig oder gar nichts kostet und – das ist besonders wichtig – mit den Kindern zusammen verwirklicht werden kann, ist das Aufstellen von Pflanzschalen. Dabei sind der Kreativität keine Grenzen gesetzt. Bemalte Tontöpfe, Holzzuber, Installationen aus Eisen und Metall können genauso verwendet werden wie aufs Pflaster genagelte Gummistiefel oder Konstruktionen aus halbierten Wasserrinnen. Schnell entsteht ein individueller Eingangsbereich, den Eltern und Kinder, genauso wie vorbeigehende Passanten, als etwas ganz Besonderes empfinden. Bepflanzt mit anspruchlosen und stark wüchsigen Kräutern und Stauden wird neben dem optischen Aspekt zudem das Mikroklima verbessert, und in die einstmals lebensfeindliche Betonwüste ziehen verschiedene Kleintiere ein.

Alte Zinkwanne:
Hier entsteht ein kleiner Kräutergarten.

Gewusst wie: Pflanzschalen

Fläche: minimaler Flächenverbrauch

Material: Alle erdenklichen Materialen, auch Reststoffe können verwendet werden, dazu Blumen- oder Pflanzerde.

Einrichtung/Aufbau: Möglichst tiefe Pflanzschalen schaffen, dies verbessert die Wasserspeicherung und Nährstoffversorgung.

Zeitaufwand: je nach Aufwand der Konstruktion wenige Stunden bis zu mehreren Tagen

Kosten: verschwindend gering, da Reststoffe, wie alte Autoreifen, Schubladen, Zinkwannen etc. eingesetzt werden können

Kinderbeteiligung: Kinder können die Aktion sowohl mitplanen als auch gestalterisch und pflegerisch eingebunden werden.

Pflege: ab und an düngen, regelmäßig gießen (auch in den Ferien)

Besonderheiten: Für größere, fest verankerte Pflanzgefäße müssen unter Umständen Genehmigungen über die Kommunalverwaltung eingeholt werden.

Gefahrenvermeidung: Schutzmaßnahmen gegen Sturm, Starkregen und möglicherweise Vandalismus mit einplanen

Einbindung in den Kita-Alltag: Als positive Außendarstellung können sowohl Erzieherinnen, Eltern und Kinder ihre Ideen mit einbringen, Pflege und Wandel mit den Jahreszeiten.

Förderaspekte: Kreativität, Sinneswahrnehmung, handwerkliches Geschick

Ökologische Bedeutung: Verbesserung des Mikroklimas

Kräuterspirale: „Steck doch mal deine Nase rein"

Kräuterspiralen sind im Kommen. Ihr Aufbau ist jedoch relativ aufwendig und bedarf einer konsequenten Pflege. Allerdings haben Kräuterspiralen auch einen großen Vorteil. Durch ihren dreidimensionalen Aufbau bieten sie auf kleinster Fläche ganz unterschiedliche Standortverhältnisse. Hier können Trockenheit liebende Mittelmeerkräuter wie Lavendel und Salbei genauso gut wachsen wie Sumpfpflanzen. Dies funktioniert auf einem normalen Beet nicht. Im oberen Bereich der Spirale mischen Sie eine Menge Sand in den Boden, im unteren Bereich können Sie sogar ein kleines Feuchtbiotop anlegen, in dem Wasserminze und Teichlinsen gedeihen. Ideal für Kinder ist die durch Steine oder Holzpalisaden abgegrenzte Struktur der Kräuterspirale. Die Gefahr unabsichtlicher Zerstörungen ist gering. Wie spannend ist es für Kinder zudem, das Frühstück mit selbst gepflücktem Basilikum oder Petersilienblättern zu bereichern. Sie

Groß angelegte Kräuterspirale:
Kinder und Kräuter aus aller Welt.

können auch einfach einmal Minzblätter über Nacht in den Apfelsaft legen. Übrigens, durch einen Beschnitt wachsen viele Kräuter intensiver und treiben eine Vielzahl von neuen Trieben aus. Blühende Kräuter verströmen zudem ihren häufig sehr intensiven Duft.

Gewusst wie: Kräuterspirale

Fläche: mindestens 2 qm, max. 70 cm Höhe

Material: Ziegel, Steine oder Holzpalisaden zum Aufbau, zudem Kies, Sand und Mutterboden, verschiedene Kräuterarten

Einrichtung/Aufbau: Spiralförmig ansteigende Außenbegrenzung (Mauer, Holz) aufbauen, anschließend mit Kies auffüllen und mit einer Mischung aus Sand und Mutterboden (oberer Bereich) bzw. mit guter Gartenerde (unterer Bereich) überschütten, am Fuß kann ein Feuchtzone eingerichtet werden (Teichfolie).

Zeitaufwand: bei Einsatz vieler fleißiger Hände an einem Tag umsetzbar

Kosten: je nach Auswahl der Stützmauermaterialien minimal bis einige tausend Euro

Kinderbeteiligung: Aufbau der Kräuterspirale in einer großen Eltern-Kind-Erzieherinnen-Aktion sinnvoll, dabei können Kinder bei allen Arbeiten mithelfen.

Pflege: Ab und zu „Unkräuter" zupfen, die meisten Würzkräuter sind mehrjährig, daher keine jährlichen Neupflanzungen notwendig.

Besonderheiten: Sonniger Standort ist Grundvoraussetzung, keine regelmäßige Düngung notwendig, unteren Bereich in Trockenzeiten gießen.

Gefahrenvermeidung: keine Gefahren bekannt

Einbindung in den Kita-Alltag: regelmäßige Ernteaktionen, alltäglicher Einsatz als Sinnesgarten (Duft, Geschmack, Haptik und Farbvielfalt)

Förderaspekte: Sinneswahrnehmung, gesunde Ernährung, Wissen

Ökologische Bedeutung: natürlicher Schädlingsschutz, viele Insekten, darunter wärmeliebende Arten und Blütenbesucher

Teich: Bitte ohne Fische und nicht zu tief

Quakende Frösche sitzen sprungbereit auf Seerosenblättern, Libellen flitzen durch die Luft auf der Jagd nach Mücken und Fliegen, und am Ufer raschelt es im Rohrkolben. Ein kleiner Teich ist ein geschlossenes Biotop mit einer ganz eigenen Stimmung. Tiere, die selten geworden sind, finden hier ein Zuhause. Und natürlich fasziniert ein Teich jedes Kind. Das Element Wasser spielt dabei eine große Rolle. Trotzdem funktioniert die Kombination Teich und Kita nur unter bestimmten Voraussetzungen. Dort allerdings, wo man einen räumlich abtrennbaren, zusätzlichen Bereich im Außengelände hat, kann eine Teichanlage ein Paradies für Kinder und Natur werden. Nur gelegentlich und unter Aufsicht mit Kleingruppen genutzt, erfahren Kinder hier einen Einblick in eine neue Lebenswelt. Und der Natur bleibt genügend Zeit zur Regeneration. So können sich bei entsprechender Planung durchaus auch Wasserfrösche und Molche einstellen. Vielleicht schaut sogar einmal ein Eisvogel oder ein Stockentenpärchen vorbei.

Gewusst wie: Teich

Fläche: Wasserfläche von mindestens 2 qm, zusätzlich ein bewachsener Randbereich von mindestens gleicher Größe

Material: Teichvlies und -folie, Randsteine zur Befestigung, Sand als Bodengrund, Sumpf- und Wasserpflanzen

Einrichtung/Aufbau: Fachwissen notwendig, intensive Vorplanung (Standort, Größe, Beschattung etc.) notwendig, Teichgrube ausheben und feststampfen, Teichvlies oder Tonschicht aufbringen, dann erst Teichfolie vorsichtig auflegen und an den Rändern mit abgerundeten Steinen befestigen, Folie mit Sand und Feinkies beschütten, Wasser- und Sumpfpflanzen einsetzen, mit Wasser befüllen

Zeitaufwand: recht aufwendig, insgesamt bei entsprechendem Sachwissen einige Tage

Kosten: je nach Größe einige hundert bis tausende Euro

Kinderbeteiligung: Kinder können beim Bau und bei der Einrichtung des Tümpels bereits intensiv mithelfen, Gleiches gilt für spätere Pflegeschritte.

Pflege: Regelmäßige Pflege notwendig, um totales Verkrauten und Verschlammen zu verhindern, im Herbst totes Pflanzenmaterial und Blätter entfernen, in langen Trockenperioden Wasser nachfüllen, alle paar Jahre sollte der Teich entschlammt werden.

Besonderheiten: Teichanlage sollte nicht im Schatten liegen, keine Fische einsetzen (nicht genügend tief und Fressfeinde aller Amphibien und deren Kaulquappen), Teile des Teichs offen und pflanzenfrei halten.

Gefahrenvermeidung: Aus Sicherheitsgründen sollten Sie keine vorgefertigten Teichbecken (Steilufer) verwenden, Teich sollte nicht tiefer als 40 cm sein und in einem separaten, abgeschlossenen Kita-Bereich liegen, keine zusätzliche Einzäunung (Unfallgefahr, schlechte Beobachtungsmöglichkeit) notwendig

Einbindung in den Kita-Alltag: Ruhezone zur Beobachtung und Sinneswahrnehmung, zusätzlich Raum für naturwissenschaftliche Versuche

Förderaspekte: Naturbeobachtung, Wissen, Konzentration, Umweltbewusstsein, komplexe Zusammenhänge verstehen, Gefahrenabschätzung und Eigenverantwortung

Ökologische Bedeutung: selbstständige Ansiedlung einer artenreichen Tierwelt, Lebens- und Reproduktionsraum von unter Naturschutz stehenden Amphibien, bei großen Teichen auch wertvoller Trittsteinbiotop

Pfütze: Einfach nur so, aus Spaß

Plitsch, platsch, plitsch, jede auch noch so kleine Pfütze wird gleich in Beschlag genommen. Es macht einfach unendlich viel Spaß, das Wasser wegzutreten. Im Winter mit Gummistiefeln und nach einem warmen Sommerregen auch barfuß. Kindliche Spielfreude wird hier ganz ohne den Gebrauch von Spielzeug ausgelebt. Das Wettergeschehen, ein sonst sehr theoretischer Begriff, gewinnt für alle Kinder eine ganz konkrete Bedeutung. „Warum ist unsere Pfütze heute nicht mehr da?" oder „Wann kommt der Regen wieder?" sind Fragen, mit denen sich die Kinder beschäftigen und die Anlass für naturwissenschaftliche Experimente und Versuche sein können. Wasser, das verdunstet, im Boden versickert oder von den Pflanzen aufgesogen wird, genauso wie das Rotkehlchen, das sein Gefieder in der Pfütze ausgiebig putzt, und der Regenwurm, der ebendort zu ertrinken droht. Selbst die kleinste Pfütze schafft, neben der Förderung von Bewegung und Motorik, immer neue Beobachtungsanlässe und steigert damit die Wahrnehmung und durch die Schaffung von natürlichen Sprachanlässen auch die Sprachkompetenz.

Pfütze nach einem Regenguss:
entsteht ganz plötzlich und verschwindet genauso schnell wieder.

Gewusst wie: Pfütze

Fläche: Pfützen finden sich auf kleinstem Raum.

Material: auf festgetretenem Boden oder Stein- und Asphaltflächen

Einrichtung/Aufbau: entstehen ganz von alleine

Zeitaufwand: liegt bei Null

Kosten: keine Kosten

Kinderbeteiligung: Erst durch das Laufen, Springen und Trampeln der Kinder entstehen Bodenverdichtungen, auf denen sich Pfützen bilden können.

Pflege: keine

Besonderheiten: einfach

Gefahrenvermeidung: keine Gefahren

Einbindung in den Kita-Alltag: Austoben, Anlass, auch bei regnerischem Wetter den Außenbereich zu nutzen

Förderaspekte: Bewegung und Motorik, Sinneswahrnehmung, Kreativität und Sprachkompetenz

Ökologische Bedeutung: wird von Vögeln und Kleintieren als Tränke und Bad genutzt

Kübelgewässer: Ein Tümpel im Kleinformat

Stundenlang können Kinder, genauso wie Erwachsene, vor einem Aquarium sitzen und beobachten. Fische, die im Boden wühlen, Algen abweidende Schnecken oder einfach die sich verändernde Wasserströmung: All dies ist immer wieder aufregend und doch gleichzeitig sehr entspannend und beruhigend. Im Außengelände aufgestellt, bekommt ein kleines Aquarium, ein Kübel oder eine Wanne noch eine Vielzahl weiterer spannender Beobachtungsszenarien. Mückenlarven, welche aus ihren Eiern schlüpfen, Wasserkäfer, die Jagd auf Wasserasseln machen, ein Wasserläufer, der, ohne einzusinken, über die Wasseroberfläche huscht, und Wasserskorpione, die mit ihrer Luftröhre wie ein U-Boot funktionieren. In einem solchen Kleinstbiotop herrscht ein ständiges Kommen und Gehen, ein ständiger Kampf um Fressen und Gefressen werden. Jeder Tag ist anders. Einfach und günstig in einer halbschattigen Ecke des Außengeländes umsetzbar, schafft ein kleines Kübelgewässer oder ein Außenaquarium Sinnes- und Naturerlebnisse, welche einem kleinen Ausflug zum nächsten Bach oder Tümpel durchaus nahe kommen können.

Gewusst wie: Kübelgewässer

Fläche: ruhiger, halbschattiger Ort

Material: Aquarium ohne technische Hilfsmittel oder wasserdichtes Gefäß (alte Zinkwanne, Holzkübel, großer Topf etc.), Grobsand als Bodenmaterial, Bepflanzung mit einheimischen Unterwasserpflanzen und einigen Sumpfpflanzen

Einrichtung/Aufbau: Becken einrichten, bepflanzen und an einem standfesten Ort aufstellen, nicht eingraben, Wasser einfüllen und erst einige Tage danach kleine Wassertiere von einer Tümpeltour einsetzen

Zeitaufwand: wenige Stunden, kaum Pflegeaufwand notwendig

Kosten: keine bis sehr geringe einmalige Kosten

Kinderbeteiligung: Alle Schritte sind von den Kindern unter Anleitung eigenständig durchführbar.

Pflege: minimal, evt. Wasser nachfüllen, Blätter und Fremdmaterial entfernen, alle 1–2 Jahre Becken entschlammen

Besonderheiten: keine Erde als Bodenmaterial (Faulschlammbildung), keine Abdeckung, keine Fische (zu große Räuber) und Amphibien (Naturschutz und Ertrinkungsgefahr) einsetzen, keine Wassertiere aus Bächen und Flüssen einsetzen (hoher Sauerstoffbedarf), kleine Schwimminsel als Rettungsfloß für hineingefallene Insekten, Mäuse oder Vögel, ganzjährig nutzbar

Gefahrenvermeidung: sicherer Standplatz an einem jederzeit überschaubaren Ort, keine zu großen und tiefen Gefäße (Ertrinkungsgefahr)

Einbindung in den Kita-Alltag: Ruhezone zur eigenständigen Beobachtung, Projekte zum Thema Wasserphysik und Ökologie

Förderaspekte: Naturbeobachtung, Konzentration, Entspannung und Wissensvermittlung

Ökologische Bedeutung: Selbstständige Ansiedlung von Wasserinsekten (Libellen, Wasserkäfern, Mücken etc.), Vermehrung eingesetzter Tiere möglich (Wasserschnecken, Blutegel, Ruderwanzen, Wasserskorpione, Wasserasseln etc.), biologisches Gleichgewicht im Kübelgewässer entsteht.

Sandbiotop: Spannender als jeder Sandkasten

Ein Sandkasten ist ein genormtes, verschiedenen Kontrollmaßnahmen unterliegendes Spielgerät. Schaut man sich die Einflüsse – die auf den Sandkasten wirken – einmal genauer an, ist schnell klar, dass die meisten Verschmutzungsprobleme im Außengelände einer Kita gar nicht real sind. Verunreinigungen durch Scherben, Zigarettenkippen oder Lebensmittelreste sind auf öffentlichen Spielplätzen gang und gäbe, nicht aber in der Kita. Vergiftungsgefahr durch Abgase und Schwermetalle aus Verkehr und Industrie sind im Normalfall ebenfalls auszuschließen. Gefahren durch Infektionen sind minimiert, da Haustiere nicht regelmäßig im Sandkasten ihr Geschäft verrichten dürften. Bleibt die vermeintliche Gefährdung durch Keime. Diese ist beim Spielen im Wald, bei der Bewegung im Garten oder beim Barfuss laufen allerdings auch nicht geringer. Die Gesetzesvorgaben zum Sandkasten können Sie nicht umgehen, aber Sie können ein zusätzliches Sandbiotop einrichten. Hier kann Sand unterschiedlicher Färbung und Körnung, vielleicht auch in Verbindung mit

Sandkasten einmal anders: keine Panik bei altem Sand.

einer Lehmschüttung in einem möglichst sonnigen Bereich aufgeschüttet werden. Kinder können hier erleben, dass Sand nicht gleich Sand ist. Mit der einen Sorte kann man Sandkuchen bauen, mit anderen nicht. Im Sandbiotop wachsen spezielle Pflanzen, und es können sich wärmeliebende Insektenarten wie Sandbienen und Sandlaufkäfer ansiedeln. Spannung kommt auf, wenn sich ein Spatz ein Sandbad gönnt oder Mehlschwalben den feuchten Sandbiotop anfliegen, um Baumaterial für ihre Nester zu sammeln.

Gewusst wie: Sandbiotop

Fläche: einige wenige Quadratmeter

Material: Sandmaterial in möglichst unterschiedlichen Korngrößen und Farben

Einrichtung/Aufbau: Den Grundstock eines Sandbiotops kann der alte, ausgetauschte Sand aus dem Sandkasten sein, Sie können einen kleinen Hügel aufschütten oder eine kleine Sandmulde anlegen.

Zeitaufwand: kann beim Sandaustausch vom Unternehmen geleistet werden

Kosten: minimal bei Nutzung des alten auszutauschenden Sandkastensandes

Kinderbeteiligung: bei der Anlage nur symbolische Hilfe möglich

Pflege: keine besonderen Pflegemaßnahmen

Besonderheiten: Abgrenzung des Sandbiotops durch Steine oder Holzpalisaden nicht nötig, intensive Nutzung als Spielfläche möglich, genauso wie als Refugium zur Naturbeobachtung, kann auch als Fallfläche unter Bäumen oder Spielgeräten genutzt werden

Gefahrenvermeidung: keine Gefahren

Einbindung in den Kita-Alltag: alltägliche Spielsituationen, aber auch Ruhezone zur Naturbeobachtung, Aktionen wie Beginn der Buddelsaison im Frühjahr

Förderaspekte: Kreativität, Motorik, Sinneswahrnehmung

Ökologische Bedeutung: Nährstoffarme Flächen sind selten geworden und bieten bedrohten Tier- und Pflanzenarten einen neuen Lebensraum.

Tongrube: Ton, was ist denn das?

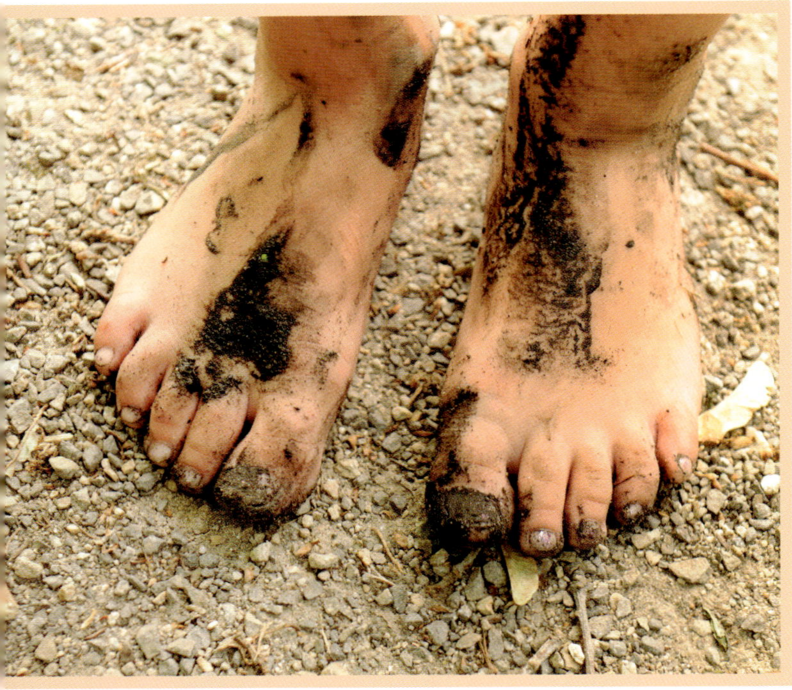

Sinneserfahrungen in der Tongrube: idealer Ort zum Barfuss Laufen.

Eine Kita ohne Sandkasten ist praktisch undenkbar, eine Kita mit einer Ton- oder Lehmgrube muss man dagegen lange suchen. Warum eigentlich? Liegt es daran, dass sich die Kinder in der Tongrube dreckig machen? Kann eigentlich nicht sein, denn Ton trocknet schnell und kann dann ähnlich wie Sand von der Kleidung abgebürstet werden. Zudem sollte der Aspekt „Wie halte ich die Kinder sauber?" keine westliche Rolle im Kita-Alltag spielen. Vielleicht hat es etwas mit unserer Kita-Tradition zu tun, schließlich gibt es Sandkästen schon seit über 100 Jahren. Warum aber nicht einmal eine Kombination von Sandbiotop und Tongrube. Hier können Kinder sinnlich erfahren, dass man aus Ton ähnlich wie aus Knetmasse Figuren rollen, walzen und drücken kann. Mit ein wenig zusätzlichem Wasser wird die Figur glänzend und schmierig zugleich. Lässt man sie trocknen, wird sie dagegen hart und brüchig. Weiteren Experimenten steht nichts im Wege. Was passiert, wenn man Ton und Sand mischt? Kann man den Ton vielleicht sogar färben oder eine wasserundurchlässige Pfütze bauen? Leben Regenwürmer auch im Lehmboden?

Gewusst wie: Tongrube

Fläche: wenige Quadratmeter

Material: Ton und Lehm

Einrichtung/Aufbau: einfach Ton- und Lehmmaterial auf eine im Vorfeld fixierte Fläche aufschütten

Zeitaufwand: minimal, Anlieferung mit größerem Aufwand verbunden

Kosten: je nach Region unterschiedlich, teilweise kostengünstige Beschaffung durch Kommunen möglich

Kinderbeteiligung: immer und jederzeit möglich

Pflege: Austausch des Tonmaterials alle paar Jahre

Besonderheiten: Tongrube möglichst in der Sonne, mit Wasseranschluss in der Nähe, räumliche Nähe zum Sandplatz

Gefahrenvermeidung: keine Gefahren

Einbindung in den Kita-Alltag: alltäglicher Spielbereich und Raum für Projekte und Experimente

Förderaspekte: Motorik, Sinneswahrnehmung, Kreativität, Konzentration

Ökologische Bedeutung: Nach starken Regenfällen bilden sich Pfützen, die von Vögeln als Tränke und Bad genutzt werden.

Trockenmauer: Ein Platz an der Sonne

Ein paar große Steine aufgestapelt, wozu soll das denn gut sein? Trockenmauern sind ein Biotop von ähnlicher ökologischer Qualität wie ein Kleingewässer. Nur leben hier Arten, die genau das Gegenteil von denen der Teichbewohner benötigen. Trockenheit und Sonne. Schmetterlinge, Heuschrecken, Ohrenkneifer, vielleicht sogar ein paar Zauneidechsen werden sich hier wohl fühlen. Dazu kommen spezialisierte Pflanzenarten wie die Mauerraute, der Mauerpfeffer, das Zimbelkraut und das Schöllkraut. Daneben weisen Trockenmauern eine hohe ästhetische Qualität auf und können in idealer Weise den kleinen Rutsch- und Kletterhügel stabilisieren. Anstatt biologisch wertloser Zwergmispeln oder anderer Bodendecker bereichert eine Trockenmauer mit Struktur- und biologischer Vielfalt die Kita. Alternativ können Sie in der Trockenmauer auch ein mediterranes Kräuterareal einrichten. Lavendel, Thymian und Salbei finden hier ideale Lebensbedingungen.

Trockenmauern gliedern die Außenanlage:
zudem ein guter Versteckplatz für sonnenhungrige Tiere.

Gewusst wie: Trockenmauer

Fläche: linienförmige Struktur von min. 1 m

Material: Natursteine, aber auch Betonteile oder Ziegelsteine

Einrichtung/Aufbau: dient der Fixierung einer Geländekante, Steine fallsicher aufstapeln, evt. mit Mörtel leicht befestigen, hinteren Bereich mit sandiger Erde verfüllen

Zeitaufwand: je nach Mauerlänge wenige Stunden bis zu einigen Tagen

Kosten: Natursteine können relativ teuer sein, Betonschotter ist oft kostenlos zu bekommen.

Kinderbeteiligung: können beim Aufbau nur bedingt mithelfen (schwere Steine, Quetschgefahr), wohl aber bei der Bepflanzung

Pflege: Minimal, auf Grund der trockenen Bodensituation besteht kaum Gefahr einer starken „Verunkrautung“.

Besonderheiten: Sonniger Standort notwendig, neben Stützmauern können auch überschaubare (max. 80 cm) Trockensteinmauern zur Gliederung einer sehr großen Anlage gebaut werden.

Gefahrenvermeidung: Fixierung der Steine notwendig

Einbindung in den Kita-Alltag: alltäglich nutzbare Fläche zur stillen Beobachtung, aber auch zum geschickten Klettern, gliedert und trennt Ruhe- von Aktivflächen

Förderaspekte: Motorik, Konzentration, Umweltbewusstsein, Sinneserfahrungen

Ökologische Bedeutung: Verhindert Erosion, wärmeliebende Tier- und Pflanzenarten siedeln sich an.

Steinhaufen: Nur ein paar Steine

Haufen aus Ziegelsteinen:
Material für ungezählte, kreative Kinderspiele.

Manchmal hilft der Zufall kräftig mit, eine gute Idee zu entwickeln. Die Kita Niefeldstraße in Gelsenkirchen hatte das Glück, eine benachbarte, brachgefallene Gartenanlage anzupachten und in ihr Außengelände mit einzubeziehen. Unter dichtem Brennnesselgestrüpp fand sich auch ein großer Haufen alter Ziegelsteine.

Er sollte sich als wahrer Schatz erweisen, denn die Kinder merken schnell, dass man diese Steine umdrehen kann und es eine Vielzahl an Schnecken, Ameisen, Käfern und Regenwürmern zu entdecken gilt. Genauso gerne werden die Steine an andere Stellen im Garten gebracht. Per Hand oder mit der kleinen Schubkarre. In einer Einzelaktion oder in der Gruppe. Spontan werden die Steine als Abgrenzung aufgestellt, sei es für ein kleines, wildes Beet oder als Schneckengehege. „Schau, wir haben einen richtigen Zoo gebaut", ruft die 5-jährige Linda und zeigt uns ihr Steinlabyrinth, in dem es Wege, Grenzen und viele kleine Insekten gibt.

Gewusst wie: Steinhaufen

Fläche: wenige Quadratmeter, sonnig, halbschattig oder schattig gelegen

Material: Natur-, Beton- oder Ziegelsteine in Größen zwischen 10 und 30 cm

Einrichtung/Aufbau: Steine werden in mehreren Lagen zu einem Haufen zusammengeschüttet.

Zeitaufwand: wenige Stunden

Kosten: minimal, Steinebeschaffung z.B. bei Gartenämtern und Steinbrüchen

Kinderbeteiligung: zu allen Aspekten möglich und gewünscht

Pflege: bei Nutzung durch die Kinder keine zusätzliche Pflege nötig

Besonderheiten: keine zu kleinen (werden verstreut) oder zu schweren Steine (können nicht getragen werden)

Gefahrenvermeidung: nicht notwendig

Einbindung in den Kita-Alltag: Spielzone, aber auch Raum zu eigenständiger Wahrnehmung und Beobachtung

Förderaspekte: Grob- und Feinmotorik, Umweltbewusstsein, Sinneswahrnehmung und Kreativität

Ökologische Bedeutung: Lebensraum einer Vielzahl von Bodentieren (Asseln, Ameisen, Spinnen, Hundert- und Tausendfüßer), Ruhe- und Rückzugsort von nachtaktiven Tieren (Schnecken, Laufkäfer, Mäuse, Kröten)

Tierische Mitbewohner: Keine Angst vor Fliegern, Wühlern und Schleimern

„Pflanzen kann man pflanzen, aber warum kann man Tiere nicht tieren?" Johannes mit seinen vier Jahren bringt es auf den Punkt. Wenn man einmal von den wenigen Möglichkeiten absieht, Haustiere zu halten, hat Johannes Recht. Tiere könnte man zwar aussetzen, aber in manchen Kita-Außengeländen würden sie sich auch ganz schnell wieder aus dem Staub machen, so lebensfeindlich, wie dort die Umweltbedingungen sind. Asphalt, Beton, Lebensbäume, Zierrasen und ab und an auch mal ein Stoß aus der Giftspritze, weil sich ein kleines Ameisenvolk im Rasen eingenistet hatte. Es gibt Kita-Träger, die sich solche Anlagen wünschen, und leider gibt es tatsächlich auch solche Anlagen. Doch wo kein wildes Tier leben kann, da ist auch kein guter Ort für Kinder. Es fehlt eine Struktur, es fehlen Sinnesanreize, es fehlt der Raum, um der eigenen Flügel zu verleihen, ja, es fehlt sogar an Themen, um miteinander zu kommunizieren. Schaffen Sie Raum, schaffen Sie Strukturelemente, pflanzen Sie einheimische Kräuter und Sträucher, und eine unüberschaubare Zahl von Tieren wird von alleine Ihr Außengelände besiedeln. Sie werden es für sich erobern. Doch keine Angst, dies ist keine feindliche Landnahme, sondern der Beginn einer wunderbaren Symbiose zwischen ökologischen und pädagogischen Ansprüchen, die eine Kita heute aufweisen sollte.

Erdkröte im Laubhaufen: Wildtiere benötigen eine intakte Umwelt.

Asseln lieben die Feuchte: keine Angst vor Sechs-, Acht- und Vielbeinern.

Eichhörnchen am Fenster: zauberhafte Tierbeobachtungsmöglichkeiten.

Insektenhotel: Ein Platz für unsere sechsbeinigen Freunde

Insektenhotel: Hier entstehen ungewöhnliche Beobachtungsmöglichkeiten.

In einem richtigen Ökogarten summt, brummt und krabbelt es. Käfer, Ohrenkneifer, Wildbienen, Schmetterlinge und viele andere Insekten sorgen im Jahreslauf für eine große biologische Vielfalt. In Sommer benötigen sie Nahrung, um sich fortzupflanzen, oder sie durchlaufen ihre verschiedenen Lebensstadien von der Larve über die Puppe bis hin zum ausgewachsenen Insekt.

Die harte Jahreszeit für unsere Insekten ist aber der Winter, den sie nur geschützt vor Frost, Nässe und Fraßfeinden überleben können. Mit einem Insektenhotel – das man zusammen die Kinder selbst bauen kann – hilft man mit, die Artenvielfalt und das biologische Gleichgewicht zu erhalten. Kostenlose Baumaterialien (hohle Pflanzenstängel, Baumscheiben, Tonscherben, Heu, Laub, Lehm und vieles mehr), einfache Bauweise und faszinierende Tierbeobachtungen sorgen für ein interessantes Kita-Projekt.

Gewusst wie: Insektenhotel

Fläche: kleine, besonnte Fläche an Mauer, Zaun oder Hauswand

Material: Lehm, morsches Holz, hohle Stängel, Laubstreu, Heu, Holzblöcke und Baumscheiben, Ziegelsteine, Gitterziegel, Tonscherben und weitere Naturmaterialien, aufwändige Insektenhotels zudem mit Holzrahmen

Einrichtung/Aufbau: Material sammeln, in Steine und Holz tiefe Löcher mit verschiedenen Durchmessern bohren, fertige Einzelkonstruktionen in einem Rahmen zusammenfassen und in Richtung Süden aufhängen bzw. befestigen

Zeitaufwand: je nach Größe von einigen Stunden bis zu einigen Tagen

Kosten: keine, da im Wesentlichen aus Naturmaterialien gebaut, die man überall in der Natur finden kann

Kinderbeteiligung: Materialien sammeln, zusammenbasteln und aufstellen, alles sollte mit den Kindern gemeinsam gemacht werden.

Pflege: Kein Pflegeaufwand, manche Strukturen müssen allerdings jährlich erneuert werden, da sie nur einen Winter überstehen.

Besonderheiten: Jede Art hat eigene Ansprüche, deshalb gilt: Je größer die Vielfalt der Materialien, Einschlupflöcher etc, desto mehr verschiedene Arten nutzen das Insektenhotel, sonniger Standort.

Gefahrenvermeidung: Keine Gefahren, Wildbienen, solitär lebende Wespen und Hummeln sind nicht aggressiv und stechen nur in ganz seltenen Ausnahmefällen.

Einbindung in den Kita-Alltag: ruhiger Beobachtungsraum mit der Möglichkeit, Biologie live zu erleben

Förderaspekte: Feinmotorik, Kreativität, handwerkliches Geschick, Umweltbewusstsein, Wissensvermittelung, Konzentration

Ökologische Bedeutung: Insektenhotels dienen als Überwinterungsstätte und Nisthilfe für viele wärmeliebende Insektenarten.

Bienenhaus: Nur keine Panik

Bienen, Wespen, Hummeln, allein schon diese Namen lassen bei vielen Erzieherinnen und Eltern die Schweißperlen entstehen. Sofort baut sich eine Wand aus Ängsten auf. Dabei siegen irrationale Ängste über eine vernunftorientierte Betrachtung. Eine ganze Reihe von Kitas im ganzen Land leben es seit vielen Jahren vor. In enger Zusammenarbeit mit einem Imker ist die Aufstellung, Pflege und Betreuung eines Honigbienenstaates ein Kinderspiel. Die Kinder lernen durch den Imker sehr schnell, wie sie mit der realen Gefahr von Bienenstichen umgehen müssen. Nie in die immer gleichen Flugbahnen der Honigbienen rennen und einen Abstand zum Bienenstock halten, sind dabei die wichtigsten Regeln. So angeleitet, sind Bienenstiche fast ausgeschlossen. Es gibt Einrichtungen, die seit vielen Jahren ein Bienenvolk auf ihrem Grundstück pflegen, und trotzdem ist noch nie ein Kind gestochen worden. Dennoch gibt es natürlich für den Fall der Fälle einen Notfallplan. Als vielleicht wichtigstes Erziehungsziel kann ein Bienenstaat aber dafür sorgen, dass Kinder lernen, Gefahren einzuschätzen und nicht überzureagieren und in Panik zu verfallen. Die Erfolge sind nicht zu unterschätzen: Angstabbau, Gelassenheit und zunehmende Selbstsicherheit.

Bienenvölker in der Kita: Das Lernziel lautet, mit Gefahren umzugehen.

Gewusst wie: Bienenhaus

Fläche: Ideal ist ein kleiner abgesperrter Grünbereich von wenigen Quadratmetern.

Material: Keines, Bienenvolk und -stock gehören den betreuenden Imker.

Einrichtung/Aufbau: Aufbau des Bienenstocks wird vom Imker durchgeführt und kann von den Erzieherinnen, Eltern und Kindern begleitet werden.

Zeitaufwand: wenige Stunden für Absprache und Organisation, zusätzlich einige Stunden für Elternberatung und Genehmigung durch den Einrichtungsträger

Kosten: bei Zusammenarbeit mit Imkern keine Kosten

Kinderbeteiligung: enge Zusammenarbeit mit dem Imker, z.B. beim Auffüttern, Honig einsammeln, Schleudern, Überwintern der Bienen

Pflege: kann nur von einem ausgebildeten Imker erfolgen

Besonderheiten: Ein solches Projekt kann nur mit einem zugelassenen Imker in Kooperation durchgeführt werden.

Gefahrenvermeidung: Honigbienen brauchen vor ihrem Stock eine störungsfreie Ein- und Ausflugschneise, Notfallplan und Anlage einer Liste von Kindern und Erzieherinnen mit möglichen allergischen Reaktionen.

Einbindung in den Kita-Alltag: Ruhige Beobachtung des Bienenvolkes und Mitarbeit bei Pflegemaßnahmen und der Honiggewinnung

Förderaspekte: Naturerfahrung, Gefahrenabschätzung, Wissensvermittelung

Ökologische Bedeutung: Honigbienen sind die wichtigsten Bestäuber vieler Obstbäume, Nutz- und Wildpflanzen.

Taubenhaus: Ein Leben in Freiheit

New York, Buenos Aires, Sydney, Kairo, Peking oder Bangkok, all diese Städte klingen nach Freiheit, Fernweh und Exotik. Doch überall ist eine Tierart zu Hause, die es auch in jeder deutschen Stadt gibt und die keinen guten Ruf hat. Ratten der Lüfte nennt man sie auch, die Stadttauben. Was haben die in einer Kita zu suchen? Seit wenigen Jahren gibt es die Idee der Taubenhäuser. Hierbei werden wild lebende Stadttauben in einen Taubenschlag gelockt und erhalten ausreichend Futter sowie einen artgerechten Nistplatz. Durch den regelmäßigen Austausch der Eier durch Gipseier wird der Taubenbestand einer Stadttaubenpopulation tierschutzgerecht reduziert. Betreut werden solche Taubenhäuser durch Bürgerinitiativen, Vereine oder Kommunen. Durch das regelmäßige Beobachten des Taubenalltags vom Füttern, Baden, Sonnen, Fliegen, Streiten bis hin zum Lieben und Junge großziehen entsteht schnell eine enge Beziehung der Kinder zu „ihren" Tauben. Fast so zahm wie Haustiere sind die Tauben dennoch frei und leben ein selbstbestimmtes Leben.

Taubenhaus:
eine ungewöhnliche Idee, in Kooperation aber umsetzbar.

Gewusst wie: Taubenhaus

Fläche: wenige Quadratmeter, aber nur bei sehr großem Kita-Außengelände realisierbar

Material: Holzschlag auf einem Masten

Einrichtung/Aufbau: Aufbau nur von Fachleuten machbar

Zeitaufwand: minimal, da alle Arbeiten vom entsprechenden Kooperationspartner durchgeführt werden müssen

Kosten: müssen vom Kooperationspartner getragen werden

Kinderbeteiligung: Fütterung und Auffüllen von Tränke und Taubenbad, Schlagreinigung etc. können von den Kindern mit begleitet werden.

Pflege: in der Regel durch den Kooperationspartner

Besonderheiten: Sinnvoll nur bei direkter Innenstadtlage der Kita, Ansprechpartner sind Umweltämter, Taubenvereine und Stadttaubeninitiativen.

Gefahrenvermeidung: bei sachgerechter Pflege durch den Kooperationspartner keine Maßnahmen erforderlich

Einbindung in den Kita-Alltag: Taubenhaus wird zum Teil des Kita-Alltags, Beobachten, Füttern und Pflegen, Projekte zu vielfältigen Themen wie Vögel, Fliegen, Federn, Eier etc.

Förderaspekte: Umweltbewusstsein, Tierbeobachtung, Wahrnehmung, Wissen, Fremdverantwortlichkeit

Ökologische Bedeutung: tierschutzgerechte Verringerung des Stadttaubenbestandes

Nistkasten: Nicht nur Vögel leben hier

Naturschutz in seiner klassischen Form – dabei denken viele zuerst an das Vogelhäuschen im Garten. Zwischenzeitlich etwas aus der Mode geraten und von Umweltschützern klein geredet, ist ein Nistkasten, richtig konzipiert und angebracht, ein ideales Element zur Tierbeobachtung. Nur was man kennt, wird man auch schützen. Es sind gerade die schönsten und spannendsten Momente des Vogellebens, die sich hier gut beobachten lassen. Nestbau, Futtersuche, die ersten Flugversuche der Jungvögel oder der schrille Warnruf der Eltern faszinieren Jung und Alt. Spannend ist auch die Frage, wer bezieht unseren frisch aufgehängten Nistkasten? Meistens ist es eine Meisenart, je nach Größe des Einfluglochs können aber auch Feldsperlinge, Kleiber oder Stare einziehen. Manchmal gibt es auch eine große Überraschung, und der Nistkasten wird gar nicht von Vögeln genutzt, sondern zum Beispiel von einem Siebenschläfer oder einem Hornissenstaat. Und natürlich gibt es noch eine Unzahl von Spezialkästen für Halbhöhlenbrüter, wie den wunderschönen Gartenrotschwanz, oder für Schwalben und sogar für Fledermäuse.

Jeder Nistkasten sieht anders aus: klassisches Instrument der Tierbeobachtung.

Gewusst wie: Nistkasten

Fläche: Standardnistkästen können sowohl an Bäumen, Sträuchern und Pfählen als auch an der Hauswand befestigt werden.

Material: Holz ist ideal.

Einrichtung/Aufbau: Nistkästen können nach überall erhältlichen Vorgaben mit den Kindern selbst gebaut werden.

Zeitaufwand: Selbstbau kann einige Kita-Tage in Anspruch nehmen, Aufbau und das herbstliche Säubern nur wenige Stunden.

Kosten: Materialkosten sind minimal, es kann Abfallholz oder unbehandeltes Holz von alten Möbeln etc. verwendet werden.

Kinderbeteiligung: Kinder können unter Anleitung alles selber machen.

Pflege: Herbstliches Ausräumen des alten Nistmaterial kann, muss aber nicht durchgeführt werden (Überwinterungsort für viele Insekten).

Besonderheiten: Holz mit min. 2 cm Stärke, Durchmesser des Einfluglochs 2,6 cm (Blaumeise) bis 4,5 cm (Star), keine Anflugstange, Aufhängen im Winter, Kasten darf nicht für Katzen erreichbar sein, Öffnung nicht in Westrichtung, halbsonniger Standort.

Gefahrenvermeidung: keine Gefahren

Einbindung in den Kita-Alltag: Planung, Bau und Anbringen der Nistkästen, Tiere Beobachten und ein Vogeltagebuch über das ganze Jahr Führen, Jahresrhythmus Erleben, verschiedene Projektthemen können entwickelt werden.

Förderaspekte: Wissensvermittlung, handwerkliches Geschick, Umweltbewusstsein, Konzentration

Ökologische Bedeutung: Ansiedlung von verschiedenen Höhlenbrütern, Schaffung von Nistmöglichkeiten für bedrohte Arten (u.a. Mehlschwalbe, Gartenrotschwanz, Fledermäuse) durch Spezialkästen

Futterhaus: Beobachtungen von Januar bis Dezember

Vögel sind unter den heimischen Tieren die heimlichen Stars. Nicht nur auf Erwachsene, sondern gerade auch auf Kinder übt die Beobachtung von wild lebenden Vögeln eine große Faszination aus. Bunt sind sie, von der gelb-schwarzen Kohlmeise, der gelb-blauen Blaumeise, dem leuchtend roten Gimpel bis hin zum schillernden Schwarzweiß der Elster und dem Tiefschwarz der Amsel. Mit dem Jahreslauf verändert sich zudem die Artenzusammensetzung. Mönchgrasmücke, Rauchschwalbe und Singdrossel verlassen uns im Herbst, dafür erscheinen nordische Wintergäste wie Seidenschwanz, Erlenzeisig und Rotdrossel. Zaunkönig, Rotkehlchen, die verschiedenen Meisenarten, aber auch Kleiber und Buchfink lassen sich dagegen das ganze Jahr beobachten. So können unter Umständen über 30 Vogelarten bestimmt werden. Und sie lassen bei artgerechter Unterstützung tief in ihr Sozialleben schauen. Das Futterhaus bietet dazu eine ideale Voraussetzung. Neben der Winterfütterung wird inzwischen auch, von England ausgehend, eine ganzjährige Fütterung zumindest von einigen Fachleuten durchaus befürwortet. Die Vögel werden zunehmend zahmer, lassen sich leichter beobachten und zeigen die unterschiedlichsten Verhaltensweisen. Alles direkt unter den Augen der Kinder.

Gewusst wie: Futterhaus

Fläche: minimaler Flächenanspruch

Material: Futterhäuschen, Futterglocken und Vogelbäder können aus den unterschiedlichsten Materialien hergestellt werden.

Einrichtung/Aufbau: Baupläne gibt es überall im Internet, in Büchern und bei Naturschutzverbänden.

Zeitaufwand: je nach Aufwand beim Bau des Futterhäuschens wenige Stunden bis einige Tage

Kosten: minimale Materialkosten, Kosten bei selbst zusammengestelltem Futter relativ gering

Kinderbeteiligung: Kinder können unter Anleitung das Vogelhäuschen, -bad selbst bauen und aufstellen, ebenso liegen Futterherstellung und Fütterung selbst mit in Kinderhand.

Pflege: regelmäßiges Säubern der Futterfläche mit heißem Wasser

Besonderheiten: Regelmäßiges Füttern, für Körnerfresser Sonnenblumenkörner, Sämereien und Getreide, für Insektenfresser Rosinen, Obst und Haferflocken, niemals salzhaltiges Futter oder Brot anbieten, einige Meter Abstand von großen Glasscheiben halten, am besten sind Futterglocken oder Futtersilos. bei denen die Vögel nicht im Futter herumhüpfen, Schutz gegen Wind und Regen.

Gefahrenvermeidung: keine Gefahren

Einbindung in den Kita-Alltag: Futterglocken können mit Kokosfett und Körnern in einem Blumentopf selbst gebastelt werden, Tierbeobachtung über das ganze Jahr, Verantwortung für „unsere" Vögel übernehmen.

Förderaspekte: Konzentration, Beobachten, Wissenserlangung, Umweltbewusstsein

Ökologische Bedeutung: In harten Wintern höhere Überlebenschance für viele Kleinvogelarten, Sommerfütterung wird kontrovers diskutiert, kann aber zu mehr Gelegen pro Vogelpaar und höherer Überlebensrate der Jungen führen.

Tierhaltung: Fachwissen ist gefragt

Gibt es wirklich lila Kühe? Vor Jahren wurde diese Frage – nicht ganz ernst gemeint – gestellt, und alle lachten. Heute lacht von unseren Bildungsexperten keiner mehr, denn das Wissen um biologische und ökologische Zusammenhänge geht in unserer Gesellschaft, trotz Ökoboom, immer weiter zurück. Haustierhaltung ist eine Möglichkeit, Kinder für solche zukunftsrelevanten Themen zu begeistern. Schnell lässt sich eine Ebene Kind – Haustier herstellen, und ein persönlicher Bezug entsteht. Hierfür eignen sich natürlich im Besonderen Tierarten, die man berühren und streicheln kann. Aber bei entsprechender Haltung und Einbindung in den Kita-Alltag kann auch eine Vielzahl anderer Arten (Mäuse, Meerschweinchen, Wellensittiche, Finken oder sogar Fische und Wasserschildkröten) eine gute Bereicherung für Kinder darstellen. Falls eine Tierhaltung tatsächlich in einer Kita umgesetzt werden soll, sollten allerdings nur Arten in Betracht kommen, deren Aktivitätszyklus dem der Kinder entspricht. Somit scheiden nachtaktive Tiere wie zum Beispiel Hamster als Kita-Tiere aus. Für die Erfüllung kindgerechter Bedürfnisse geradezu ideal sind Kaninchen, Hühner oder eine Katze. Hier entsteht schnell eine von Respekt und Verantwortung getragene Emotionalität.

Gewusst wie: Tierhaltung

Fläche: je nach Tierart von wenigen Quadratmetern bis zu einem großen Außengehege bei Hühnern

Material: je nach Tierart Volieren mit Innenstall, Gehege für Kleinnager, gestaltete Freigehege für Schildkröten etc., zusätzlich Nest- und Nistmöglichkeiten, Futtertröge

Einrichtung/Aufbau: sehr unterschiedlich, am besten in Kooperation mit Fachleuten (Kleintierzuchtverein, Zoogeschäft, Biologen etc.)

Zeitaufwand: je nach Art unterschiedlich, aber zumindest tägliches Füttern, Tränken und Kontrollieren

Kosten: je nach Art sehr unterschiedlich

Kinderbeteiligung: freies Beobachten genauso wie Einbindung in den Kita-Alltag durch feste Rituale (Fütterungs- und Säuberungszeiten) und Übernahme von Verantwortung für die Maxi-Kinder

Pflege: teilweise recht aufwändig, kann nur von interessierten und kompetenten Erzieherinnen geleistet werden

Besonderheiten: Spezielles Fachwissen auf Seiten zumindest einer Erzieherin notwendig, Tiere müssen ganzjährig artgerecht untergebracht und versorgt werden.

Gefahrenvermeidung: In der Regel keine, manche Arten können in Ausnahmefällen Krankheiten auf den Menschen übertragen (Nagetiere, Papageien).

Einbindung in den Kita-Alltag: tagtäglicher Kontakt durch Pflege und Beobachtung, Experimente und Versuche (Jagd- und Nahrungsverhalten, Fortbewegung, Körperbau und innerartliche Kommunikation etc.)

Förderaspekte: Fremdverantwortung, Emotionalität, Sinneswahrnehmungen, Wissensvermittlung, Hilfsbereitschaft

Ökologische Bedeutung: gering

Top Ten der Kräuter, Stauden und Sträucher: Für jeden Zweck eine andere Art

Ob Sie es wollen oder nicht, je nach Intensität der gärtnerischen Pflegemaßnahmen wird sich auf Ihrem Kita-Außengelände eine überraschend hohe Zahl von Wildkräutern, Stauden und Sträuchern mit der Zeit einfinden. In der Regel handelt es sich dabei um häufige Arten, deren Samen durch Wind, Ameisen und Vögel verbreitet werden. Darunter gibt es kaum giftige Arten. Ein größeres Problem stellt oftmals die Wuchskraft da. Einmal Fuß gefasst, wird man Kräuter, die sich zum Beispiel durch tief liegende Wurzelausläufer vermehren (Ackerschachtelhalm, Ackerkratzdistel, Giersch), nur schwer wieder los. Trotzdem, lassen Sie der Natur Raum und Platz, sich eine kleine Nische im Außenbereich zu erobern. Durch die Trittbelastung genauso wie durch den ständigen Forscherdrang der Kinder wird so schnell kein zugewachsener Dschungel entstehen. Im Folgenden werden einige der häufigsten Wildpflanzen aufgezählt und beschrieben. Dabei steht neben grundlegenden Angaben zur Biologie und Ökologie vor allem die Bedeutung für den Einsatz im Alltag einer Kita im Vordergrund. Es gibt eine Vielzahl von Sinneserfahrungen, die Kinder sammeln können. Der nach Mamas Parfum duftende Geruch von Rosenblüten genauso wie der herzhafte Geschmack des Gundermanns oder das Jucken der Haut nach dem Berühren der Brennnessel, all dies vergrößert den Wissens- und Erfahrungshorizont der Kinder. Die meisten der vorgestellten Arten wachsen von alleine in der Kita. Sie können aber auch die vorgestellten Arten, genauso wie die Gemüsepflanzungen, bewusst an günstigen Standorten aussäen bzw. anpflanzen. Während sich bei Tomaten, Erdbeeren oder einem Apfelbaum das Problem der Beschaffung schnell lösen lässt, sind Wildpflanzen, darunter auch einige klassische „Unkräuter", nicht im Gartenbaumarkt oder beim Pflanzenmarkt zu bekommen. Kein Problem, Sie können Einzelpflanzen aus der Natur entnehmen und sie in die Kita verpflanzen. Dies ist manchmal nur bedingt möglich, besser wenn auch langwieriger ist es, Samen der besprochenen Arten zu sammeln und in der Kita auszubringen. Lassen Sie sich auch nicht von vereinzelten Warnrufen in der Literatur verschrecken, die vor dem Genuss mancher Wildpflanzen warnen. Der Sauerklee ist so ein Beispiel. Er enthält einen hohen Anteil an Oxalsäure. In großen Mengen genossen, kann dies zu Mangenbeschwerden führen, doch kein Kind wird auf die Idee kommen, eine derartige Menge davon zu essen. Aber selbst wenn, es wird eine Erfahrung machen, die hilft, sich weiterzuentwickeln.

Hummelbesuch auf der Wilden Karde: Wildpflanzen ziehen eine Menge wilder Tiere an.

Schwarzer Holunder (Sambucus nigra)

Strauch von 5 bis 8 m Höhe, blüht im Mai/Juni, fruchtet im September, wächst optimal bei sehr guter Nährstoffversorgung und voller Sonne, Blüten und Beeren sind essbar und können weiterverarbeitet werden (Nektar und Saft, Marmelade, Blüten in Teig einbacken), eignet sich nicht als Kletterbaum (brüchige Äste), viele Insekten auf den Blüten, Beeren werden gerne von Vögeln gefressen.

Salweide (Salix caprea)

Kleiner Baum bis 12 m Höhe, Kätzchen im März/April, wächst optimal bei guter Nährstoffversorgung und Sonne, kann bis zu 60 Jahre alt werden, Holz weich und biegsam, aber nicht brüchig, deshalb guter Kletterbaum, geringe Ausschlagsfähigkeit, deshalb nicht für Weidengeflechte geeignet, erste Bienennahrung, über 100 verschiedene Insekten leben von der Salweide.

Stamm einer Salweide:
rau und fest genug, um gut darauf zu klettern.

Apfelbaum (Malus domestica)

Kleiner, 4 bis 8 m hoher dornenloser Baum, blüht im Mai, Früchte ab Juli bis Oktober, möglichst guter nährstoffreicher Boden, weniger empfindlich als Birnen-, Aprikosen- und Pflaumenbäume, alte Kulturpflanze, 2 300 verschiedene Sorten, davon aber nur noch 6 Sorten allgemein vermarktet, Früchte zum Essen und zur Tee- und Marmeladenzubereitung, wichtige Symbolpflanze der Liebe, der Fruchtbarkeit und des Lebens, der Erkenntnis und Entscheidung und des Reichtums, wird intensiv von Bienen bestäubt, Fallobst dient Schmetterlingen, Ohrenkneifern, Mäusen und Igeln als wichtige Nahrungsquelle.

Silberweide (Salix alba)

Mächtiger Baum bis 35 m Höhe, Kätzchen im April/Mai, braucht nährstoffreichen, nicht zu trockenen Boden, kann bis zu 3 m pro Jahr wachsen, ideal zur Pflanzung von Weidengeflechten, verträgt problemlos starken Rückschnitt im Winter, guter Kletterbaum, Zuchtformen wachsen als Trauerweide oder haben gelbliche Blätter, viele Insekten leben auf der Silberweide

Silberweide: Kann in 60 Jahren zu einem imposanten Baum heranwachsen.

Eberesche (Sorbus aucuparia)

Kleiner Baum von 15 m Höhe, weiße Blüten im Mai/Juni, orange Früchte ab August, fruchtet sehr stark, keine besonderen Bedürfnisse an den Boden, Früchte sind entgegen hartnäckigen Gerüchten völlig ungiftig, enthalten extrem viel Vitamin C, hoher Zuckergehalt, trotzdem sehr sauer (Parasorbinsäure), verlieren ihre Säure durch Abkochen, Marmeladenherstellung, da schnellwüchsig, bedingt auch als Kletterbaum nutzbar, Früchte dienen vielen Vögeln bis in den Winter hinein als gute Nahrungsquelle.

Walnussbaum (Juglans regia)

Großer Baum mit breiter Krone und bis 25 m Höhe, benötigt nährstoffreichen Boden und sonnigen, warmen Standort, späte Belaubung und früher Laubfall, kann über 200 Jahre alt werden, reife Nüsse ab September, fruchtet schon im Alter von 10 Jahren, grüne Nusshülle stark färbend, Blätter beim Zerreiben intensiv duftend, idealer Kletterbaum, Wurzeln entwickeln Hemmstoffe, sodass unter einer Walnuss kaum andere Pflanzen wachsen, guter Standort für Vogelhaus und Nistkästen.

Kartoffelrose (Rosa rugosa)

Bis 1,50 m großer winterharter Strauch, wächst auch auf trockenen, sandigen und Salz belasteten Böden, sehr anspruchslose Rose, die keinen Pflegeschnitt benötigt, kaum krankheitsanfällig, verbreitet sich durch Wurzelausläufer, eignet sich als Bodendecker und niedrige Hecke, rosa Blüten duften sehr intensiv und sind essbar, große saftige Hagebuttenfrüchte (Tee- und Marmeladenherstellung), kommt ursprünglich aus Japan, deshalb nur wenige Insektenarten auf dieser Rose, Nistmöglichkeit für Zaunkönig.

Kartoffelrosenblüte: Duftet wie Parfüm.

Brombeere (Rubus fruticosus agg.)

Bis 4 m hohe, verholzende und stachelige Kletterranke, wächst auf jedem nicht zu nassen Boden, extrem schnell wachsend (bis zu 10 cm am Tag), über 400 verschiedene Arten in Deutschland, behält im Winter häufig das Laub, weiße Blüten ab Juni, saftige Früchte von Ende Juli bis Oktober, Blätter geben einen guten Tee ab, Möglichkeit vielfältiger Sinneswahrnehmungen (Geschmack, Geruch, Haptik), viele Insektenarten, gutes Versteck und Nistplatz für Singvögel.

Brombeeren: Leckere Beeren, aber schwer zu ernten.

Brennnessel (Urtica dioica)

Maximal 2,50 m hohe mehrjährige Staude, unscheinbare Blüte ab Juni, wächst bevorzugt auf extrem nährstoffreichen Böden, eine echte Zauberpflanze, sollte in keiner Kita fehlen, Blätter können roh (vorher vorsichtig zur Blattspitze hin abreiben und durchkneten), gekocht (Spinatersatz) und frittiert (Chips) gegessen werden, Teezubereitung (intensiver Kartoffelduft), auch zum Pflanzenschutz (aufgekochte Blätter) oder als Dünger (Jauche) einsetzbar, Stiele können zur Stoffherstellung (Nesselstoff) genutzt werden, hoher Gehalt von Vitamin C und weiteren Inhaltsstoffen, einige Schmetterlingslarven leben ausschließlich auf der Brennnessel, daneben auch viele Käfer, Blattwanzen und Hautflügler.

Brennnesseln aus Kinderperspektive:
Mit Sicherheit das bekannteste Wildkraut Europas.

Weiße Taubnessel (Lamium album)

30 bis 70 cm hohe, mehrjährige Staude, blüht von Mai bis September, Laubblätter ähneln denen der Brennnessel, aber ohne Brennhaare, benötigt nährstoffreichen, halbschattigen Standort, wächst gerne zwischen Brennnesseln, Blätter können als Salat gegessen und zu einem Tee zubereitet werden, weiße Blüten mit einem süßen Nektartröpfchen am Blütengrund, dient Bienen und im Besonderen Hummeln als Nektarquelle.

Ob als Salat oder als Tee:
Die Blätter der Taubnessel sind sehr schmackhaft.

Wilde Karde (Dipsacus sylvestris)

Zweijährige Staude von 1,50 cm Höhe, im ersten Jahr bildet sich nur eine am Boden liegende Blattrosette, erst im zweiten Jahr blühend und dann absterbend, violette Blüten von Juli bis August, etwas stachlig, anspruchslos in Bezug auf die Bodenverhältnisse, gute Färberpflanze (Indigo), abgetrocknete Blütenstände eignen sich hervorragend als Dekomaterial oder auch als Kamm, Blätter sind Stängel umfassend, dort bilden sich kleine Teiche, die von Insekten und Vögeln als Tränke genutzt werden, viele Insekten als Blütenbesucher, stehen gelassene Stiele dienen Insekten als Überwinterungsort.

Klettenlabkraut (Galium aparine)

Einjähriges, bis zu 3 m langes Kraut, Stängel mit Borstenhaaren, mit deren Hilfe sich die Pflanze an anderen Kräutern (gerne Brennnessel) hochrankt, unscheinbare Blüte, kleine rundliche Samen mit Kletthaaren, ganze Pflanze stirbt direkt nach der Samenreife ab, nährstoffreiche Böden werden bevorzugt, Blätter ergeben einen leckeren Salat, klettende Pflanzenteile können gut zur Demonstration (Klettverschluss) und zum Spielen verwendet werden, dient über 40 Insekten als Futterpflanze.

Klettenlabkraut: Haftet auf fast jedem Untergrund.

Echtes Johanniskraut (Hypericum perforatum)

Bis zu 1 m hohe, ausdauernde Staude, Wurzeln bis 50 cm tief, keine nennenswerte Ausläuferbildung, leuchtend gelbe Blüten in Juni/Juli, benötigt trockene, nährstoffarme Böden und sonnigen Standort, Pflanzenblätter mit vielen weißen Punkte, dabei handelt es sich um Ölgefäße, hervorragende Färberpflanze (beim Zerreiben der gelben Blüten entsteht ein intensiv rot-violetter Farbstoff), aromatischer, antidepressiver Tee aus den Blüten, ebenso Herstellung von Rotöl zur Hautdesinfektion (Achtung: verringert den Sonnenschutz der Haut), blüht sehr ausdauernd und wird von vielen Hummeln, Bienen und Schwebfliegen aufgesucht.

Johanniskrautblüte: Kleiner Zaubertrick, beim Zerreiben der gelben Blüten werden die Finger ganz rotviolett.

Gundermann (Glechoma hederacea)

Ca. 30 cm hohes, kriechendes Kraut, mehrjährig, violette Blüten von April bis Juli, wächst auf nährstoffreichen Böden im Halbschatten einer Hecke oder Brennnesselstaudenflur, teilweise sogar im Rasen, Blätter riechen bei Zerreiben sehr aromatisch ein wenig nach Lakritz, gute Würz- und Salatpflanze, Pflanze ist erstaunlicherweise für Pferde und Nagetiere leicht giftig (nicht für Menschen), wird von Hummeln bestäubt.

Gundermann: Unscheinbares Pflänzchen mit intensivem Duft.

Knoblauchsrauke (Alliaria petiolata)

Mehrjähriges Kraut von max. 1 m Höhe, unscheinbare, weiße Blüte von April bis Juli, benötigte nährstoffreiche Böden und wächst nur im Halbschatten, frühere Nutzpflanzen, Blätter können zu einem aromatischen Salat verwendet werden, intensiver, aber leicht flüchtiger Knoblauchgeruch, Blätter nur jung verwendbar, wird nach der Blüte durch viele Bitterstoffe ungenießbar (nicht giftig), Hummeln, Bienen und Schwebfliegen suchen nach Nektar, wichtige Futterpflanze für manche Schmetterlingslarven (z.B. Aurorafalter).

Gänseblümchen (Bellis perennis)

Kleines, max. 20 cm hohes Kraut, mehrjährig, weiße Blüten fast das ganze Jahr über, anspruchslos, wächst in jedem Rasen und verträgt problemlos regelmäßiges Mähen, eine der häufigsten und bekanntesten Pflanzen Europas, Blätter und Blüten können jederzeit gesammelt und gegessen werden, halboffene Blüten schmecken angenehm nussig, steigert die minimale Artenvielfalt in regelmäßig gemähten Kurzrasen.

Gänseblümchen: Leckere Blüten, an denen schon manches Kind das Zählen gelernt hat.

Hornsauerklee (Oxalis corniculata)

10 bis 20 cm hohes Kraut, gelbe Blüten im Frühsommer, wächst in Mauerritzen, Steinfugen und vegetationslosen Bodenstellen an sonnigen Standorten, stammt ursprünglich aus dem Mittelmeerbereich, Blätter schmecken angenehm säuerlich (hoher Anteil an Oxalsäure) und fördern den Speichelfluss, an ganz dunklen Stellen wächst auf anspruchsvollen Böden auch der einheimische Waldsauerklee mit weißer Blüte, unterscheiden

sich beide vom typischen Klee durch die Blattform (Einzelblatt immer herzförmig, nicht oval oder rund) und den Geschmack.

Sauerampfer (Rumex acetosa)

Maximal 1 m hohes, mehrjähriges Kraut, unscheinbare Blüten und Früchte, benötigt nährstoffreichen Boden und einen sonnigen Standort, schon im Altertum als Wildgemüse bekannt, säuerlich schmeckende Blätter können roh als Salat verwendet werden, hoher Vitamin-C-Gehalt, es gibt auch eine verwandte Art mit gleichen Inhaltsstoffen, die auf sandigen, nährstoffarmen Standorten wächst, Futterpflanze für verschiedene Schmetterlingslarven und Käfer.

Spitzwegerich (Plantago lanceolata)

50 cm hohes, mehrjähriges Kraut, unscheinbare Blüten von Mai bis September, wächst in nährstoffreichen Wiesen, verträgt regelmäßige Mahd nicht besonders gut, Blätter essbar und gut als schleimlösender Tee zu verwenden, Einlegen in Zuckerlösung möglich, Blattsaft auf die Haut reiben hilft bei juckenden, leicht schmerzenden Beschwerden.

Spitzwegerichblätter:
Gut gegen Brennnesselquaddeln und Mückenstiche.

Hopfen (Humulus lupulus)

Liane von bis zu 6 m Höhe, mehrjährig, wobei alle oberirdischen Pflanzenteile im Winter absterben, unscheinbare Blüten, aber auffälliger zapfenförmiger Fruchtstand, benötigt nährstoffreichen Boden und Hecken- oder Staudenstrukturen zum Emporranken, alte Nutzpflanze, als Färberpflanze (grün-braun) nutzbar, Triebspitzen sind essbar, bildet an Hecken eine so genannte „Schleiergesellschaft" aus, Hecke wird dadurch undurchdringbarer und bietet mehr Schutz und Versteckmöglichkeit für Vögel, Kleinsäuger und Spitzmäuse.

Gemüse- und Obstpflanzen

Neben den vorgestellten Wildpflanzen eignen sich auch eine Reihe von Nutzpflanzen in idealer Art und Weise für die Kita. Gemäß den Regeln des ökologischen Gartenbaus sollte eine Mischkultur angelegt werden. Häufig beeinflussen sich dabei verschiedene Arten sehr positiv. Zudem steigert dies auch die Attraktivität des Beetes für die Kinder. Ständig gibt es was Neues zu ernten, und selbst wenn einmal eine Gemüsesorte eingegangen ist, so nehmen andere Gemüsearten diesen Platz ein.

Tomate: Lockerer Boden, viel Sonne, Aussaat ab Mai, Ernte zwischen Juli und September, vor dem ersten Frost alle grünen Früchte abpflücken und nachreifen lassen, grüne Tomaten sind leicht giftig.

Tomaten im Gewächshaus: Tropisches Klima sorgt für saftige Tomaten vom Juli bis September.

Paprika: sehr viel Sonne und lockerer Boden, Aussaat ab Mai, Ernte ab Juli, am besten im Gewächshaus

Paprika: Um so knallrot zu werden braucht es viel Sonne.

Kohlrabi: Humusreicher, feuchter Boden, muss regelmäßig gewässert werden, sonst platzen die Knollen, Aussaat April-Juni, Ernte rund 10 Wochen später.

Kohlrabi:
Hier kann man täglich erkennen, wie sie dicker wird.

Kürbis: humusreicher Boden, regelmäßiges Gießen und Düngen, Aussaat ab Mai, Ernte je nach Art zwischen Juli und Oktober

Kürbis:
Nährstoffe ohne Ende, so gedeiht der Kürbis am besten.

Radieschen: Lockerer Boden, viel Sonne, Aussaat zwischen März und September möglich, 4 bis 8 Wochen später kann geerntet werden.

Möhre: Lockerer und feuchter Boden, Aussaat zwischen März und Juli, nach 2 Monaten kann geerntet werden.

Möhrenwurzeln: Gibt es auch in Gelb und Violett.

Kartoffel: Sonnendurchflutete, lockere Böden, Saatkartoffeln kommen ab April in die Erde, je nach Sorte kann die Ernte nach 3 bis 4 Monaten erfolgen.

Kartoffelknollen: Achtung die grünen, oberirdischen Früchte der Kartoffel sind giftig.

Erdbeere: Nährstoffreicher Boden, viel Sonne, mehrjährig, blüht zwischen Mai und Juni, Ernte im Juni/Juli, Ausläufer sollten entfernt werden.

Würz- und Heilpflanzen

Küchenkräuter gehören aus vielerlei Gründen in den Kita-Garten. Neben den vielfältigen Geruchs- und Geschmackseindrücken und der Verwendung bei der Verfeinerung von Speisen ist es auch die ungeheure Vitalität vieler Würz- und Heilpflanzen, die sie zu dankbaren Kita-Pflanzen machen. Oft ist es ratsam, sie zwischen die Gemüse- und Blumenreihen zu setzen. Durch ihre Öle und weiteren Inhaltsstoffe sind sie in der Lage, Nachbarpflanzen vor Krankheiten zu schützen und Schädlinge abzuwehren. Voraussetzung ist allerdings, dass die Heilkräuter einen optimalen Standort hinsichtlich Bodenzusammensetzung und Besonnung erhalten. Neben den Standardarten wie Zitronenmelisse, Minze, Petersilie, Salbei, Thymian, Rosmarin und Schnittlauch können Sie auch weniger bekannte Kräuter wie Bohnenkraut, Borretsch, Dill, Koriander, Kümmel, Majoran oder Portulak pflanzen.

Minze: Mit einem Blatt kann man sich prima die Hände einreiben.

Petersilie: Die kennt jedes Kind.

Basilikum: Macht aus jedem Tomatenbutterbrot einen optischen Genuss.

Salbei: Aus weichen Blättern wird schleimlösender Tee.

Kresse: Wächst notfalls auch auf der Fensterbank.

Zitronenmelisse: Zarter Duft von Zitronen.

Stopp, Eintritt verboten: Pflanzen, die nicht in eine Kita gehören

Die Erfahrung zeigt: Es gibt Pflanzenarten, die haben in einer Kita nichts zu suchen. Unabhängig von subjektiven ästhetischen Gründen lässt sich dies auf einfache Weise funktional erklären und begründen. Dass tödlich giftige Arten in einer Kita nichts zu suchen haben, versteht sich von selbst. Schwieriger wird es da schon bei leicht giftigen Arten. Hier gilt es, abzuwägen; ein grundsätzlicher Verzicht ist aber nicht unbedingt nötig. Experimente und Versuche mit den Kindern zusammen durchgeführt sowie eine klare Erklärung helfen, die Gefahr des Ausprobierens zu verringern. Zudem können Sie durch den Pflanzort vieles beeinflussen. Ein Strauch, der ungenießbare Früchte produziert, sollte zum Beispiel nicht in unmittelbarer Nähe des Sandbiotops stehen. In den Sand gefallene Beeren könnten ansonsten – von den ganz Kleinen – in den Mund genommen und unbeabsichtigt verschluckt werden. Viel größer ist jedoch die Auswahl an Pflanzen, welche aus einem anderen Grund nicht in die Kita gehören. Sie sind für die Kinder langweilig, bieten keine Sinnes- und Lernerfahrungen. So ist es ist ein Riesenunterschied, ob Sie eine sterile Hecke aus Lebensbäumen pflanzen oder aus einer Mischung aus Hainbuche, Holunder und Brombeere. Lebensbäume verändern sich im Verlauf der Jahreszeiten nicht, ganz im Gegensatz zu Arten der heimischen Flora. Jeden Monat blüht eine andere Art, es gibt schmackhafte Beeren genauso wie pieksende Brennnesseln und duftende Rosen. Und nicht nur Kinder profitieren von diesen ökologischen Maßnahmen. Im gleichen Maß steigt auch die zoologische Vielfalt Ihres Außengeländes an. Allein aus diesen Gründen sollten folgende Gehölzarten zumindest nicht neu gepflanzt werden: Eibe, Fichte, Tanne, Douglasie, Lebensbaum, Thuja, Kirschlorbeer, Stechpalme und Zwergmispel (Cotoneaster). In einer ansonsten schattenlosen Kita macht es aber andererseits auch keinen Sinn, den alten, Schatten spendenden Lebensbaum zu fällen. Dies gilt im gleichen Maße für Gehölze, zu denen die Kinder einen besonderen Bezug entwickelt haben.

Hecke aus verschiedenen Nadelgehölzen: quadratisch, praktisch, aber eben nicht gut.

Giftpflanzen

Manche Pflanzen sind nur zu bestimmten Zeiten (grüne, unreife Tomaten) oder in bestimmten Teilen (Schlafmohn, alle Teile außer den eigentlichen Samen) giftig. Und natürlich ist auch die Giftigkeit von sehr unterschiedlicher Stärke. Das Knabbern oder Runterschlucken einiger Beeren des Roten Hartriegels wird höchstens mit ein wenig Bauchweh bestraft, während die pink-orangenen Früchte des Pfaffenhütchens absolut tödlich sein können. Besonders Beeren tragende Arten stellen eine Gefahr für Kinder dar, da sie eine große Anziehungskraft ausüben. Erfreulich dabei ist, dass überraschenderweise unreife Früchte einer Art oftmals giftiger sind als die reifen, ausgewachsenen Früchte. Die Liste der hochgradig giftigen Arten ist – wenn auch nicht vollständig – zum Glück recht kurz. Dazu zählen u.a. folgende Pflanzen:

Roter Fingerhut: Finger weg vom Fingerhut, der ist gefährlich giftig.

Efeu: Rankt schön an schattigen Stellen, aber alle Teile sind giftig.

Feuerdorn: Nur schwach giftig, aber leicht mit dem leckeren Sanddorn zu verwechseln.

Eibenbeere: Der einzige Nadelbaum mit roten Beeren.

Liguster: Wird häufig als Hecke geschnitten und kommt dann nicht zur Blüte und Fruchtreife.

Bittersüßer Nachtschatten: Eng mit Paprika und Tomate verwandt, aber stark giftig.

Pfaffenhütchen: Keine andere Pflanze hat orangene und pinkfarbene Früchte.

Robinie: Duftet mit Mai stark nach Honig, die kleinen Schotenfrüchte enthalten aber ein starkes Gift.

Stechapfelfrucht: Stachelig wie ein Igel und gefährlich wie ein Giftpilz.

Stechpalme oder Ilex: Die Früchte eignen sich als Dekomaterial, sind aber giftig.

Einen absoluten Spitzenplatz in der „Stopp, Eintritt verboten"-Kategorie hat der Eisenhut inne. Als giftigste Pflanze Europas hat die rund 1,50 m hohe, blau blühende Pflanze in keinem Kita-Außengelände, ebenso in keinem Schulgarten etwas zu suchen. Genauso sind die prachtvollen Stauden des Riesenbärenklau mit ihren tellergroßen Blüten und ihrer Höhe von 3 Metern in keiner Kita zu dulden. Ihre Drüsenhaare sorgen bei Berührung dafür, dass der auf die Haut gelangte Pflanzensaft, selbst bei minimaler Sonneneinwirkung, schwerste Verbrennungen erzeugt.

Finger weg vom Eisenhut, der ist gefährlich giftig.

	Eignung nach folgenden Kriterien									Förderung folgender Entwicklungs- und Bildungsbereiche						
	Flächenfaktor	Kostenfaktor	Zeitfaktor	Wissensfaktor	Kinderbeteiligung	Alltagseinbindung	Gefahrlosigkeit	ökologische Bedeutung		Sinneserfahrungen	Kreativität, Fantasie und Ästhetik	Bewegung und Motorik	Sprache	Soziale Kompetenz	Raum- und Zeitverständnis	Umweltwissen und Naturwissenschaft
Wilder Garten	rot	grün (groß)	grün	grün	grün	grün	grün (groß)	grün (groß)		grün (groß)	grün	gelb	grün	gelb	grün	grün (groß)
Nutzgarten	grün (groß)	grün (groß)	gelb	grün	grün (groß)	grün	grün	gelb		grün (groß)	grün	gelb	grün	grün (groß)	grün (groß)	gelb
Sinnesgarten	grün	grün	grün	grün	grün	grün	grün	grün		grün (groß)	grün	gelb	grün	grün	grün	grün
Färbergarten	grün	grün (groß)	grün	grün	grün (groß)	grün	grün (groß)	grün		grün (groß)	grün (groß)	grün	grün (groß)	grün	grün	grün
Erinnerungsgarten	gelb	gelb	gelb	gelb	gelb	gelb	grün	gelb		gelb	gelb	gelb	grün	grün (groß)	grün (groß)	gelb
Wassergarten	gelb	rot	gelb	grün	rot	grün (groß)	grün	gelb		grün (groß)	grün	grün	gelb	grün	grün	rot
Kunstgarten	grün	grün	grün	grün	grün (groß)	gelb	grün (groß)	gelb		grün (groß)	grün (groß)	gelb	grün	gelb	gelb	gelb
Kletterbaum	grün (groß)	grün	grün (groß)	grün (groß)	gelb	grün (groß)	gelb	grün		grün	gelb	grün (groß)	rot	grün	grün	grün
Obstbäume	grün (groß)	grün	grün	grün	grün	gelb	grün	grün		gelb	gelb	gelb	gelb	grün	gelb	grün
Baumstämme	grün (groß)	grün (groß)	grün (groß)	grün (groß)	gelb	grün	grün	grün		gelb	gelb	grün	rot	gelb	gelb	grün
Totholzhaufen	grün (groß)	grün (groß)	grün (groß)	grün (groß)	grün	grün	grün (groß)	grün		gelb	gelb	gelb	gelb	gelb	gelb	grün
Komposthaufen	grün (groß)	grün (groß)	grün (groß)	grün (groß)	grün (groß)	grün	grün	grün		grün	gelb	gelb	grün	gelb	grün	grün
Weidengeflechte	gelb	gelb	gelb	grün	gelb	grün	grün	grün		grün	grün	gelb	gelb	grün	grün	gelb
Hecken	gelb	grün	gelb	gelb	gelb	grün (groß)	grün	grün (groß)		grün (groß)	gelb	gelb	grün	rot	grün	grün (groß)
Hochbeete	grün (groß)	grün (groß)	grün (groß)	grün	grün (groß)	grün	grün (groß)	gelb		gelb	gelb	gelb	gelb	grün	grün	gelb
Pflanzschalen	grün (groß)	grün (groß)	grün (groß)	grün (groß)	grün (groß)	gelb	grün (groß)	rot		rot	grün	rot	rot	grün	gelb	rot
Kräuterspirale	gelb	gelb	rot	grün	gelb	grün	grün (groß)	grün		grün (groß)	gelb	gelb	grün	gelb	grün	grün
Teich	rot	rot	rot	gelb	gelb	gelb	rot	grün (groß)		grün	gelb	gelb	grün (groß)	gelb	gelb	grün (groß)
Pfütze	grün (groß)	grün (groß)	grün (groß)	grün (groß)	gelb	grün (groß)	grün (groß)	rot		gelb	gelb	grün	rot	rot	rot	rot
Kübelgewässer	grün	grün (groß)	grün	grün	gelb	gelb	gelb	grün		gelb	gelb	gelb	gelb	gelb	rot	rot
Sandbiotop	gelb	grün	gelb	grün	gelb	grün	grün	grün		gelb	gelb	gelb	gelb	gelb	gelb	grün
Tongrube	grün	grün	gelb	grün	gelb	grün	grün	gelb		gelb	grün	grün	gelb	gelb	gelb	gelb

	Eignung nach folgenden Kriterien									Förderung folgender Entwicklungs- und Bildungsbereiche						
	Flächenfaktor	Kostenfaktor	Zeitfaktor	Wissensfaktor	Kinderbeteiligung	Alltagseinbindung	Gefahrlosigkeit	ökologische Bedeutung		Sinneserfahrungen	Kreativität, Fantasie und Ästhetik	Bewegung und Motorik	Sprache	Soziale Kompetenz	Raum- und Zeitverständnis	Umweltwissen und Naturwissenschaft
Trockenmauer	gut	durchschnittlich	durchschnittlich	gut	durchschnittlich	durchschnittlich	gut	optimal		durchschnittlich	durchschnittlich	durchschnittlich	durchschnittlich	durchschnittlich	durchschnittlich	optimal
Steinhaufen	optimal	gut	optimal	optimal	durchschnittlich	gut	optimal	gut		durchschnittlich	durchschnittlich	gut	durchschnittlich	durchschnittlich	durchschnittlich	durchschnittlich
Insektenhotel	optimal	gut	gut	gut	gut	durchschnittlich	gut	gut		durchschnittlich	durchschnittlich	durchschnittlich	durchschnittlich	durchschnittlich	durchschnittlich	gut
Bienenhaus	durchschnittlich	gut	durchschnittlich	weniger	weniger	durchschnittlich	durchschnittlich	durchschnittlich		weniger	weniger	weniger	gut	gut	durchschnittlich	durchschnittlich
Taubenhaus	gut	weniger	durchschnittlich	weniger	weniger	durchschnittlich	gut	weniger		weniger	weniger	weniger	durchschnittlich	durchschnittlich	durchschnittlich	weniger
Nistkasten	optimal	gut	gut	gut	optimal	durchschnittlich	optimal	gut		weniger	durchschnittlich	weniger	durchschnittlich	gut	durchschnittlich	durchschnittlich
Futterhaus	optimal	gut	gut	gut	optimal	gut	optimal	optimal		weniger	durchschnittlich	weniger	durchschnittlich	gut	gut	gut
Tierhaltung	weniger	weniger	weniger	weniger	durchschnittlich	gut	gut	weniger		gut	durchschnittlich	durchschnittlich	optimal	optimal	durchschnittlich	weniger
Zierrasen	durchschnittlich	optimal	optimal	optimal	durchschnittlich	optimal	optimal	weniger		weniger	weniger	gut	durchschnittlich	weniger	weniger	weniger
Spielgeräte	gut	weniger	weniger	gut	weniger	gut	gut	weniger		weniger	weniger	gut	durchschnittlich	durchschnittlich	durchschnittlich	weniger
Baumhaus	gut	weniger	weniger	gut	weniger	gut	gut	weniger		durchschnittlich	weniger	durchschnittlich	durchschnittlich	durchschnittlich	gut	weniger

★ weniger geeignet

★ durchschnittlich geeignet

★ gut geeignet

★ optimal geeignet

Kapitel 5

Spiel | wiesen | zauber

„Gesamtkunstwerk Kita“:

Von der Wildnis in die Geborgenheit und wieder zurück

Bauökologie: Ein kleiner Exkurs

In den 80er-Jahren kam der Begriff des ökologischen Bauens in Mode. Dabei war dieser Begriff nie fest definiert. Architekten, Ökologen, Ingenieure, Bauherren, Politiker, alle verstanden unter diesem Begriff etwas anders. Allen gemeinsam war die zentrale Bedeutung der Faktoren Energiehaushalt, natürliche Baustoffe, Bauweise und Begrünung. Menschen sollte ein gesundes Leben, Wohnen und Arbeiten in Gebäuden, die nach ökologischem Standard gebaut wurden, ermöglicht werden. Gleichzeitig sollte aber auch der Natur Raum und Zeit gegeben werden, sich zu entwickeln.

In den letzten zehn Jahren ist immer häufiger die Rede vom nachhaltigen Bauen. Hier spielt, neben den beiden eben genanten Zielen, noch ein neu formuliertes, drittes Ziel eine ebenso bedeutsame Rolle. Es ist die Zeitschiene. Nachhaltiges Bauen ist auch immer in die Zukunft gerichtet und soll nachfolgenden Generationen eine lebenswerte Wohnqualität in einer ebenso lebenswerten Umwelt ermöglichen. Es betrifft alle Bauprojekte, vom Wohnhaus über Büro- und Industriebauten bis hin zu Neu- und Umbauten von Universitäten, Schulen und Kindergärten.

Der Wohlfühlfaktor

Wenn Kinder eine alle Sinne anregende Außenanlage in ihrer Kita vorfinden, werden sie dort mit Begeisterung spielen, forschen, innehalten und vieles mehr. All dies führt dazu, dass sie sich draußen sauwohl fühlen, egal ob die Sonne scheint, es regnet oder schneit. Vielleicht werden Sie sogar Probleme bekommen, die Kinder wieder zurück in die Innenräume zu trommeln. Dabei spielt der Wohlfühlfaktor eine wichtige Rolle. Temperatur und Luftfeuchtigkeit müssen auf den jeweiligen Raum und dessen Nutzung abgestimmt sein. Genauso wie Luftaustausch und Lichteinfall. Fehlerhafte Konstruktionen führen schnell dazu, dass der Wohlfühlfaktor sichtbar leidet und in Extremfällen gesundheitliche Schädigungen, z.B. durch Schimmelpilzbefall, Schadstoffausgasungen oder Wohngifte, auftreten können.

Kinder, die sich wohl fühlen:
„Dürfen wir noch ein bisschen draußen spielen?“

Spiel- und Forschermaterialien: im Außengelände gesammelt und im Innenbereich genutzt.

Der Faktor Natürlichkeit

Nach dem heutigen Bauverständnis ist die Natur ein Teil des Hauses. Nicht nur schmückendes Beiwerk. Durch natürliche Baustoffe wie Holz, Naturstein, Lehm oder Naturfasern gewinnt ein Haus an Behaglichkeit und „Wärme". Dies gilt ebenso für den Einsatz von Naturfasern als Bodenbelag, Ziegeldächern, auf denen sich Flechten ansiedeln, oder einer begrünten Hausfassade. Und gerade hier ist ein späterer Eingriff leicht möglich. Windenknöterich, der an der Pergola emporrankt, eine mit Wildem Wein bestandene Südfassade oder den Trockenrasen auf dem Flachdach, es gibt ungezählte Möglichkeiten, der Natur Lebensräume zurückzugeben. Als Nebenprodukt lässt sich so das Mikroklima sowohl im Garten, als auch in den Innenräumen verbessern. Und einen technisch richtigen Aufbau vorausgesetzt, schützen begrünte Fassaden die Gebäudeoberfläche. Regenversickerung anstatt eines direkten Wasserablaufs in die Kanalisation ist ein weiteres Stichwort, das den Baukörper nahtlos mit einer für Kinder spannenden Außenanlage verzahnt. Die Verknüpfung einer Regenversickerungsanlage mit einem Wassergarten drängt sich geradezu auf. Auch die Frage des Kompostierens von Küchenabfällen lässt sich in einer Kita durchaus lösen. Weniger Müll in der Tonne, dafür aber einen perfekten Boden für Ihre Nutzgartenbeete. Kinder werden verstehen, dass alles menschliche Handeln mit der Natur sehr eng verzahnt ist. Sie werden Prozesse und Zusammenhänge verstehen lernen, da sie sie im Alltag vorgelebt bekommen. Dies sind zentrale Lernziele, die nicht minder wichtig sind als das Erlernen des ABC oder der Sprachkompetenz.

Natürlichkeit an der Fassade: Gelungene Gestaltung im Übergangsbereich zwischen Innen und Außen.

Der Faktor Energieeinsparung

Bäume spenden Schatten: effektive Verbesserung des Mikroklimas im Außen- und Innenbereich.

Solarhaus, Niedrigenergiehaus, Passivhaus, Nullheizenergiehaus – es ist verwirrend, welche Vielfalt an Energieeinsparungskonzepten inzwischen umgesetzt worden sind. Während durch Neubau oder Sanierung Fakten hinsichtlich des Energieverbrauchs gesetzt werden, bieten sich auch für Sie Möglichkeiten an, die Energiebilanz Ihrer Kita weiter zu verbessern. Ein Hecke als Windschutz, Bäume, die Schatten spenden, begrünte Dächer und Fassaden sind nur einige Gedanken, die Sie selbst verwirklichen können.

Auch die Gebäudezonierung spielt hier eine Rolle. In die Südräume gehören Spiel- und Aufenthaltsräume, nach Norden orientieren sich Schlaf- und Sanitärräume genauso wie Technikräume und Treppenhäuser. Und hier schließt sich unser Kreis der nachhaltigen Bauökologie; sind wir doch wieder beim Wohlfühlfaktor angelangt, der auch dadurch gesteigert werden kann, indem Materialien eingesetzt werden, die eine unterschiedliche Wärmespeicherfähigkeit aufweisen.

Innen- und Außenanlagen: Die Gesamtkonzeption muss stimmen

Innen- und Außenanlagen einer Kita müssen sich ergänzen. Viele Lernerfahrungen bis hin zum natürlichen Kinderbedürfnis nach wildem und lautem Austoben lassen sich im Außenbereich sehr viel besser realisieren. Dies gilt natürlich auch im umgekehrten Fall. Wobei das Beispiel mancher Waldkindergärten zeigt, dass es auch anders geht. Gute Innenräume zeichnet allerdings eine bestimmte Wohlfühlqualität aus, die niemals vom Außenbereich abgedeckt werden kann. Es ist ein wunderschönes Erlebnis für Kinder, im Schnee zu toben, Schneehäuser zu bauen, eine Schneeballschlacht zu organisieren, im Schneematsch zu patschen, aber irgendwann ist auch dem Kind mit der größten Ausdauer einfach kalt. Und das Erlebnis, in einem warmen, nach Spekulatius und Bienenwachs riechenden Raum ein Winterlied zu singen und dabei die Schneeflocken durch das Fenster draußen wirbeln und tanzen zu sehen, hat eine ebenso hohe Qualität. Heute spielen die Kinder im Gruppenraum, und schon morgen wird das gleiche Spiel unter der großen, Schatten spendenden Kita-Eiche gespielt. Es ist das gleiche Spiel, und doch ist es ganz anders, es wird anders wahrgenommen. Zudem wird Kindern hierbei die Möglichkeit gegeben, selbst zu entscheiden, in welchen Räumen sie sich aufhalten möchten. Eigene Entscheidungen für sich selbst zu treffen, andere davon zu überzeugen, auch dafür steht ein unorthodoxer Umgang mit den beiden Raumbereichen. Wichtig ist, dass Sie Ihre Innenräume weder thematisch noch zeitlich oder nach Lernbereichen von den Außenbereichen trennen. Am Teich kann man die Libellen herumflitzen sehen, aber im Aquarium der Kita läst sich die Libellenlarve viel besser bei ihrer Jagd auf Wasserasseln und beim vorsichtigen Klettern auf der Wasserpflanze beobachten. Auch mikroskopische Wasseruntersuchungen funktionieren einfach besser im Laborraum als auf einer Bank im Garten. Im Sommer lässt es sich den ganzen Tag sowohl innen als auch draußen gut barfuß laufen. Im Winter schlecht möglich. Ein kleiner Barfußgang durch den Schnee ist klasse, aber dann ist auch gut.

Das Glück zum Greifen nah: Was gefällt mir heute wohl besser, draußen in der Kälte den kleinen Vögeln beim Fressen zuzuschauen oder drinnen beim Plätzchen Backen den Teig anzurühren?

Ausblick in die Zukunft: Praktische Umsetzung ist gefragt

Lebensqualität Kita-Außengelände: „Wir finden es toll, einen wilden, bunten Garten zu haben."

Kita-Außenanlagen entwickeln sich weiter. Heute zeigt sich, dass es eine große Vielfalt an Gestaltungsprinzipien gibt. Dabei lassen sich zwei grundverschiedene Gestaltungsphilosophien erkennen. Neben einer althergebrachten, auf Sicherheit, Übersichtlichkeit und Pflegeleichtigkeit ausgerichteten Philosophie mit strukturarmen, von Spielgeräten geprägten Außengeländen finden sich in immer mehr Kitas die Ideen des hier vorgestellten ökologischen Ansatzes. Mischformen beider Ansätze sind die Regel, und es wird sich zeigen, welche Entwicklungen die Zukunft prägen werden. Da auch der Kostenfaktor für eine nachhaltige ökologische Umsetzung spricht und zudem viele Elemente direkt vor Ort, ohne zusätzliches Fachpersonal, erstellt werden können und Kinder dabei immer mithelfen und manchmal sogar die Ideenbringer sind, bleibt zu hoffen, dass sich ökologische Ideen durchsetzen werden. Dies kann nur geschehen, wenn alle Beteiligten die Tragweite einer solchen Entwicklung erahnen. Begeisterung zu wecken, dies zeigen Beispiele, ist das Schwierigste. Die Umsetzung der einzelnen Ideen ist dann relativ einfach und kann in den alltäglichen Ablauf einer Kita eingebaut werden. Dies gilt in gleichem Maße für den Pflegeaufwand der vielfältigen Strukturen. Zudem bedarf es nicht unbedingt eines großen Masterplans. Langsam und ungeordnet gewachsene Außenanlagen haben oftmals sogar eine mindestens gleichwertige Qualität.

Schlussgedanken des Autors

Vielleicht ist es dem Spielwiesenzauber gelungen, dass Ihnen nach dem Lesen des Buches der Tatendrang ins Gesicht geschrieben steht. Zögern Sie nicht, und fangen Sie an, Ihre Kolleginnen, Ihren Träger und die Eltern Ihrer Kita-Kinder zu begeistern. Die Umsetzung vorgestellter Projekte, genauso wie die Realisierung eigener, neuer Ideen ist mit Kraft und Arbeit verbunden. Sicherlich. Sie bedeutet, dass sich Bestehendes verändert. Dies ist immer auch mit Unsicherheit verbunden. Und es wird viele Bedenkenträger geben, die auf Sie einwirken werden. Ein Kletterbaum ist zu gefährlich, der Wilde Wein an der Fassade macht den Putz kaputt, alter Sand hat sooooo viele Keime und macht die Kinder krank, an der Brombeere zerkratzen sich die Kinder ihre schicken Kleidchen, im Teich ist schon einmal jemand ertrunken. Unendlich lang ist diese Liste der von Angst geprägten Sorgen, Vorurteile und Bedenken. Haben Sie Mut, sich dagegen zu stellen! Aber warum eigentlich? In Sinne unserer Kinder. Zu einer guten Kindheit gehört Vertrauen und Sicherheit, das Wissen darum, einen Ort zu haben, an dem man gut behütet ist. Neben diesem Urvertrauen brauchen Kinder aber genauso dringend wilde, gefährliche Orte. Hier können sie Abenteuer erleben, an ihre Grenzen gehen, manchmal hinfallen, sich wehtun. Aber sie werden wieder aufstehen, sich mit anderen Kindern zusammentun, um ein größeres Ziel anzustreben. Und sie werden es schaffen, eine Menge Selbstvertrauen in ihrer noch kleinen Welt aufzubauen. Die Grenzen dieser Wildheit setzen Sie. Setzen Sie sie nicht zu eng, und starten Sie in eine neue Ära mit einer wilden, ökologischen und kindgerechten Außenanlage. Sie werden von den Kindern dafür belohnt werden, indem Sie tagtäglich sehen, mit welcher Freude die Kinder spielen, experimentieren, riechen, träumen, raufen, basteln, beobachten, klettern, rennen, staunen, sprechen, schmecken, kuscheln, wettstreiten, forschen, träumen werden.

Danksagung

Die wohl wichtigste journalistische Grundregel schlechthin ist, schnell zu erlernen, wird aber leider viel zu selten umgesetzt. Zuhören, zuhören und noch einmal zuhören. Genau so ist dieses kleine Standardwerk entstanden. Ohne die unendlich vielen Eindrücke, Erfahrungen und Reflexionen einer bunten Vielfalt von Erzieherinnen und auch einigen wenigen Erziehern wäre die Umsetzung dieses anspruchsvollen Projektes nicht möglich gewesen. Erst die über ein Jahr andauernde konkrete Recherchearbeit und ungezählte Gespräche ermöglichten das Zusammentragen all der konkreten Ideen und deren Bewertung für die Entwicklungsmöglichkeiten unserer Kinder. Überraschendes wie Triviales ist dabei zum Vorschein gekommen. Dinge, die in einer Kita funktionieren, sind in einer anderen Kita im Sande verlaufen. Immer aber war eine Begeisterung und sprühendes Engagement bei meinen GesprächspartnerInnen vorhanden. Genauso, wie sie die Kinder und deren Bedürfnisse in den Mittelpunkt stellten. Diese Bedürfnisse zu erkennen, ihre Neugierde zu befriedigen und sie fördernd in ihrem Entwicklungsprozess zu begleiten, dies waren immer die Hauptanliegen in den Einrichtungen unterschiedlichster Trägerschaft. Ein ganz großes und herzliches Dankeschön deshalb von meiner Seite an all die ErzieherInnen, die sich die Zeit genommen haben und ihren Beitrag für dieses Buch geleistet haben. Ohne diese fundierte Praxiserfahrung hätte der Spielwiesenzauber nicht entstehen können. Ganz zum Schluss noch ein herzliches Dankeschön an Katarina Raker, die für den poetischen Titel „Spielwiesenzauber" verantwortlich zeichnet. Ich glaube, besser und schöner kann man die Inhalte dieses Buches nicht in einen Titel fassen.

Michael Godau

Autor

Michael Godau (*1965) ist gelernter Diplom-Geograf und arbeitet unter anderem als Fachjournalist, Fotodesigner und Umweltpädagoge. Als Inhaber des Medienbüros GODAU media in Gelsenkirchen vermittelt er „Faszination Natur" auf journalistische Art und Weise, ebenso wie auf jährlich über 100 Exkursionen, Workshops und Vorträgen. Mit Hilfe liebevoll präsentierter Texte und authentischer, ästhetischer Fotos spricht er damit Menschen jeden Alters und aller sozialer Schichten an. Veranstaltungen für Kinder spielen dabei eine herausragende Bedeutung. Weitere Schwerpunkte seiner Arbeit finden sich im Bildungs- und gesellschaftlichen Bereich. Seine Tätigkeitsfelder reichen dabei von der lokalen bis hin zur internationalen Ebene.

www.godaumedia.de

Literatur

Kinder, Raum und Natur

Bendt, Ute; Erler, Claudia:
Spielbudenzauber: Sinnvolle Raumgestaltung in Kita und Krippe.
Verlag an der Ruhr, 2010.

Blessing, Karin; Mäurer, Silke:
Natur, Ökologie und Nachhaltigkeit im Kindergarten: Ein Lern- und Praxisbuch.
Hirzel Verlag, 2003.

Godau, Michael:
Der Wald ist voller Wörter. Ganzheitliche Sprachförderung in der Natur.
Verlag an der Ruhr, 2009.

Gartenanlage und -pflege

Bauer, Ute:
Die besten Kräuter für Beete und Töpfe. Expertenrat zur Pflegepraxis.
BLV Buchverlag, 2008.

Bauer, Ute:
Der Garten für Ungeduldige. Garten mit System.
Naturbuch Verlag, 1998.

Kreuter, Marie-Luise:
Der Biogarten: Das Original. Mit Pflanzenschutz-Kompass.
BLV Buchverlag, 2009.

Tiere im Garten

Gamerith, Werner:
Tiere in naturnahen Garten.
Österreicherischer Agrarverlag, 2006.

Günzel, Wolf R.:
Lebensräume schaffen: Tiere in Haus und Garten.
Pala-Verlag, 2006.

Meys, Sofie; Alf, Renate:
Schneckenalarm! So machen Sie Ihren Garten zur schneckenberuhigten Zone.
Pala-Verlag, 2007.

Gestaltungsbeispiele

Gro, Vibe:
Lebende Weidengeflechte im Garten.
Holzwerken im Vincentz Network, 2009.

Matthews, Clare:
Gartenparadiese für Kinder: Erlebnisgärten voller Spaß und Fantasie.
Mit vielen wunderschönen Ideen für die ganze Familie. Von der Wasserschlange bis zum Erdbeerbaum.
Franckh-Kosmos, 2009.

Oberholzer, Alex; Lässer, Lore:
Gärten für Kinder: Naturnahe Kindergarten- und Schulanlagen, Hausgärten und Spielplätze.
Verlag Eugen Ulmer, 2003.

Reichenbach, Peter:
Färber-Fibel.
aGEnda 21 Gelsenkirchen, 2009.

Internet*

www.bildungsserver.de
Vielfältiges Angebot an Informationsschriften, Broschüren, Adresslisten etc. für alle Fragen der Umweltbildung in der Kita.

www.kindergartenpaedagogik.de
Unter dem Suchbegriff „Garten“ sowie vielen weiteren Stichworten, wie z.B. Kräuterspirale, Kletterbaum oder Teich finden sich viel gute Artikel zur naturnahen Gestaltung Ihres Kita-Außengeländes.

www.garten-literatur.de
Umfangreiche, teilweise kommentierte Literaturliste zu allen Gartenthemen.

* Die in diesem Werk angegebenen Internetadressen haben wir geprüft (Stand Januar 2010). Da sich Internetadressen und deren Inhalte schnell verändern können, ist nicht auszuschließen, dass unter einer Adresse inzwischen ein ganz anderer Inhalt angeboten wird. Wir können daher für die angegebenen Internetseiten keine Verantwortung übernehmen.

Verlag an der Ruhr

Postfach 10 22 51
45422 Mülheim an der Ruhr
Telefon 030/89 785 235
Fax 030/89 785 578
bestellungen@cornelsen-schulverlage.de
www.verlagruhr.de

Es gelten die Preise auf unserer Internetseite.

Krippenarbeit live!

DVD, Buch und Arbeitsmaterialien zum Leben und Lernen mit Kindern unter 3
Antje Bostelmann (Hrsg.)
ISBN 978-3-8346-0599-3
Best.-Nr. 60599
45,90 € (D)/47,20 € (A)/74,10 CHF

Spielbudenzauber

Sinnvolle Raumgestaltung in Kita und Krippe
1–6 J., 118 S., A4, Paperback, farbig
ISBN 978-3-8346-0636-5
Best.-Nr. 60636
20,50 € (D)/21,– € (A)/33,10 CHF

Aus bewährter Praxis die eigene Kita-Konzeption entwickeln

Eine Anleitung in acht Schritten
96 S., A4, Paperback, farbig
ISBN 978-3-8346-0412-5
Best.-Nr. 60412
19,50 € (D)/20,– € (A)/31,50 CHF

Elternabend in Kita und Krippe mal anders!

Einfach vorbereiten – professionell durchführen – lebendig gestalten
119 S., A4, Paperback, farbig, CD-ROM mit Vorlagen
ISBN 978-3-8346-0724-9
Best.-Nr. 60724
24,80 € (D)/25,50 € (A)/40,– CHF

Nichts wie raus auf die Streuobst-Wiese!

Naturerlebnis-Ideen zum Wahrnehmen, Forschen, Beobachten und Bewegen
4–8 J., 96 S., A4, Paperback, farbig
ISBN 978-3-8346-0719-5
Best.-Nr. 60719
19,80 € (D)/20,35 € (A)/32,– CHF

Der Wald ist voller Wörter

Ganzheitliche Sprachförderung in der Natur
3–7 J., 94 S., A4, Paperback, farbig
ISBN 978-3-8346-0537-5
Best.-Nr. 60537
19,80 € (D)/20,35 € (A)/32,– CHF

Waldwerkeln und Waldgeschichten

Basteleien, Texte, Lieder und Spiele
4–8 J., 160 S., 16 x 23 cm, Spiralbindung
ISBN 978-3-8346-0320-3
Best.-Nr. 60320
19,50 € (D)/20,– € (A)/31,50 CHF

Keiner darf zurückbleiben